Claudia Hohloch

Schildi Schildkröte erzählt gern

Die besten Übungen aus Yoga und Kinesiologie für die Sprachförderung

Bildnachweis

Gettyimages.de
S. 68: chengyuzheng, Osumposums, realstockvector, kaisphoto | S. 69: Ziva_K, RyanJLane, chuckcollier, Xurzon, wingmar, SilviaJansen | S. 73: kickstand, GlobalP, DaddyBit, Himagine, akinshin, GlobalP | S. 75: chuckcollier, Johanna Parkin, imaginima, HRAUN | S. 76: HT-Pix, Perry Mastrovito, hemul75, Chefmd | S. 78: inhauscreative, sdominick, malerapaso, Liliboas, wakila, tacstef | S. 79: wonry, Juanmonino, egal, brainmaster, AntiMartina, ZargonDesign

Layoutelemente:
Freepik.de/visnezh

Impressum

ISBN: 978-3-96046-102-9

Schildi Schildkröte erzählt gern
Die besten Übungen aus Yoga und Kinesiologie für die Sprachförderung

Klett Kita GmbH
Rotebühlstr. 77
70178 Stuttgart
Internet: www.klett-kita.de

Redaktion	Myriam Bork
Redaktionelle Mitarbeit	Nicole Woratz
Autorin	Claudia Hohloch
Fotografie	Nicole Schielberg
Illustration	Alexandra Junge
Gestaltung und Satz	DOPPELPUNKT, Stuttgart
Druck	Paper & Tinta, Nadma

Kontakt
Telefon: 07 11 / 66 72 58 00
Telefax: 07 11 / 66 72 58 22
kundenservice@klett-kita.de

Gedruckt auf chlorfrei gebleichtem Papier.

Bibliografische Information der Deutschen Nationalbibliothek. Die Deutsche Nationalbibliothek verzeichnet diese Publikation in der Deutschen Nationalbibliografie. Detaillierte bibliografische Daten sind im Internet über http://dnb.d-nb.de abrufbar.

Inhalt

Ein paar Worte vorab

Liebe Leserinnen und Leser,

als Lerntherapeutin und Entspannungstrainerin liegt mir die Entwicklung unserer Kinder sehr am Herzen. Besonders in der Praxis mit jüngeren Kindern konnte ich feststellen, dass unsere Jüngsten sehr neugierig und lernfreudig an neue Themen herangehen.
Doch lassen sie sich auch gern ablenken und die Konzentrationsdauer ist recht kurz. Durch den kindlichen Bewegungsdrang kann dann schnell Unruhe entstehen.

Aufgrund dieser Erfahrung habe ich begonnen, alle Angebote für Kindergartenkinder mit Bewegung zu verknüpfen. Außerdem habe ich eine kleine Stoffpuppe als Begleitung eingeführt: Schildi Schildkröte, der Entspannungsprofi. Die kleine Schildkröte weckt Interesse bei den Kindern und lädt sie ein, in neue Welten einzutauchen.

Die Geschichten, Kreativideen, Mitmachreime und Entspannungsideen aus meiner Praxis sind in dieses Buch geflossen. Durch die abwechslungsreichen Konzepte – unterstützt durch Bewegungselemente aus Yoga und Kinesiologie und Schildi Schildkröte als Freundin für die Kinder – ist eine Reihe entstanden, die allen Mädchen und Jungen Freude am spielerischen und kindgerechten Lernen vermittelt. Die Kinder werden individuell abgeholt und die Themen mithilfe der Stoffschildkröte *be*-greifbar gemacht!

Ich wünsche Ihnen und Ihren Kindern viel Spaß mit Schildi Schildkröte.

Herzlichst, Ihre
Claudia Hohloch

Steckbrief von Schildi Schildkröte

Name	Schildi Schildkröte
Rasse	Relaxis Testudines (Entspannungsschildkröte)
Alter	80 Jahre (was sehr jung ist, da Entspannungsschildkröten mindestens 799 Jahre alt werden – bei entspannter Lebensführung)
Aussehen	grüner Schildkrötenkörper, schwarze Augen, gemusterter Panzer, etwas längere Arme und Beine als eine normale Schildkröte, so dass die Entspannungsschildkröte gut Yoga machen kann
Ernährung	mag am liebsten Obst und Gemüse und frischen Salat
Hobby	alles, was mit Entspannung zu tun hat
Besonderes	hat schon viel erlebt und gibt ihre Tipps oder Lerninhalte gern in gereimter Form weiter

Einführung

Mit Yoga und Kinesiologie die Sprachentwicklung unterstützen

Mithilfe von Sprache treten wir in Kontakt zu anderen. Bereits als Säugling beginnt ein Kind, sich durch Laute zu artikulieren, schon nach wenigen Monaten kommen erste Quietschlaute dazu. Ist das Kind etwa 9 Monate alt, beginnt es fröhlich zu plappern. Bald folgen die ersten Wörter und kurze Sätze – Stück für Stück erobert sich das Kind die Welt der Sprache.

Manche Kinder sind dann mit dem Eintritt in den Kindergarten schon richtige Sprachprofis, andere wiederum haben einen geringeren Wortschatz oder sind eher schüchtern und zurückhaltend und tun sich schwer, mit anderen zu kommunizieren. Jedes Kind entwickelt sich individuell, hat unterschiedliche Entwicklungsschwerpunkte. Manchmal sind Kinder, die sprachlich noch nicht so weit sind, motorisch echte Könner. Und davon profitiert das Kind: Bewegung und Spracherwerb sind eng miteinander verknüpft. Die Stärken der Kinder können Sie nutzen, um sie in der Sprachentwicklung zu unterstützen und ihnen die Kommunikation zu erleichtern. Dies ist eine der zentralen Aufgaben in Ihrem pädagogischen Alltag.

Entspannte Kinder lernen leichter

Hektik und Stress begleiten unsere Kinder heutzutage von klein auf. Als Folge von Leistungsdruck und Ängsten können Schwierigkeiten in der Entwicklung auftreten. Im Sprachbereich äußert sich dies zum Beispiel in Aussprachefehlern, einem verminderten Sprachverständnis, einem eingeschränkten Wortschatz oder einer fehlerhaften Grammatik.

Doch oft genug stellen sich diese vermeintlichen Defizite als geistige Blockaden heraus, die durch die Anwendung bewegungsorientierter Entspannung gelöst werden können. Ziel der Entspannung durch Bewegung ist es, den Kindern die Themen *Entspannung, Bewegung, Körperwahrnehmung* und *Achtsamkeit* näherzubringen, um sie für die Herausforderungen des schnelllebigen Alltags – innerlich wie äußerlich – zu stärken.

Bewegung – das wissen wir aus zahlreichen Studien – beeinflusst sowohl das körperliche und seelische Wohlbefinden als auch das Denken und die Fähigkeit zu lernen positiv. Kinder lernen durch Bewegung, sie begreifen ihre Umgebung, nehmen sie über ihren Körper wahr und erobern so die Welt.

Wendet man bewegungsorientierte Entspannung vorbeugend an, entstehen Blockaden, Aggressionen, Konzentrationsprobleme und sogenannte Verhaltensauffälligkeiten erst gar nicht. Die motorischen Fähigkeiten werden trainiert und das Selbstbewusstsein wird erheblich gestärkt.

Sprache fördern mit Yoga und Kinesiologie

In diesem Buch finden Sie daher zahlreiche Übungen aus Yoga und Kinesiologie, die die Kinder durch sanfte Bewegungen entspannen und in die Ruhe führen sollen.
Yoga baut Spannungen ab, hilft den Mädchen und Jungen, sich selbst bewusst wahrzunehmen, und stärkt Körper und Geist. Die Kinesiologie ist eine ganzheitliche Heilmethode, die Lernblockaden durch Bewegung löst und es Kindern jeden Alters ermöglicht, unbeschwert (Lern-)Erfahrungen zu machen, Talente zu entdecken und Fähigkeiten zu verbessern.

Alle ausgewählten Übungen sind speziell auf die Förderung der Sprache abgestimmt: So fließen besonders viele Überkreuzbewegungen mit ein, da diese die rechte und die linke Gehirnhälfte verknüpfen und so das Gehirnpotenzial optimal genutzt werden kann. Die Haltungen aus Yoga und Kinesiologie wirken sich auch positiv auf die auditive Wahrnehmung und das Sprachverständnis allgemein aus. Auch Übungen zur Lockerung der Zunge für eine bessere Mundmotorik und deutlichere Aussprache sind mit dabei. Im ersten Teil des Buches werden alle Übungen ausführlich vorgestellt.

Schildi Schildkröte – die Entspannungsschildkröte

Schildi Schildkröte, die Entspannungsschildkröte und Expertin für Yoga und Kinesiologie, begleitet die Kinder bei den Übungen. Jedes Angebot mit Schildi Schildkröte beginnt mit einem besonderen Bewegungsablauf: *Schildi grüßt die Sonne* – so entsteht ein Ritual, das den Kindern Halt und Orientierung gibt.

Die kleine Schildkröte hat außerdem kurze, kindgerechte Bewegungs- und Mitmachgeschichten oder Impulse für Erzählrunden zu verschiedenen Themen dabei. Jedes Angebot enthält immer einen Mitmachreim, der die Sprache mit Bewegung verknüpft. Durch die Reimform bleiben die Wörter – wie ein Ohrwurm – leichter im Kopf und die Inhalte begleiten die Kinder über das Angebot hinaus.

Zusätzlich greifen Kreativangebote, Spielideen und zahlreiche Kopiervorlagen jedes Thema noch einmal auf, stellen die gelernten Wörter in einen breiteren Kontext und festigen sie zusätzlich. Auch hier werden schöne Gesprächsanlässe geschaffen.

Gerade durch die vielseitige Herangehensweise können sich alle Kinder angesprochen fühlen, da sowohl die gesprächsfreudigen Kinder als auch die Bewegungsprofis oder kleinen Bastelgenies ihren Platz finden.

Schildi Schildkröte für alle!

Mithilfe der Nähanleitung im Anhang können Sie die kleine Schildkröte selbst nähen – entweder nur eine einzige Schildkröte für die Angebote mit Schildi oder eine für jedes Kind.

So wird Schildi Schildkröte zur Begleiterin und Ansprechpartnerin für die Kinder im Kindergartenalltag. Die Stoffschildkröte nimmt Ängste, motiviert und lädt ein, an Aktivitäten teilzunehmen. Schildi Schildkröte hilft den Kindern, sich auf die angebotene Ruhe und die vielleicht noch ungewohnten Bewegungsabläufe der Übungen einzulassen.

Wenn die Kinder die Kita-Gruppe verlassen, nehmen sie ihre Schildkröte mit – als Erinnerung an die Kindergartenzeit und als Entspannungshelfer im Alltag.

Sprachentwicklung im Alltag unterstützen – so klappt es

- Schaffen Sie eine entspannte und stressfreie Atmosphäre, denn entspannte Kinder lernen leichter.
- Lassen Sie die Kinder immer ausreden.
- Sprechen Sie selbst langsam und deutlich – Sie sind das Sprachvorbild!
- Verbessern Sie die Kinder nicht, sondern wiederholen Sie den Satz noch einmal korrekt.
- Regen Sie durch gezielte Fragen zum Erzählen an.
- Das Freispiel ist ein wunderbarer Erzählmoment – regen Sie auch hier immer wieder zum Sprechen an.
- Integrieren Sie die Reime und Bewegungen aus diesem Buch in Ihren Kindergartenalltag.
- Schaffen Sie Rituale – zum Beispiel mit *Schildi grüßt die Sonne.*

Übungsteil

Haltungen aus Yoga und Kinesiologie

Yoga und Kinesiologie –

Tipps für eine Bewegungseinheit

Der folgende Übungsteil beinhaltet Elemente aus der Kinesiologie, die Lernblockaden lösen können und den Kindern den Einstieg in ein neues Thema bieten. Aber auch Yoga-Haltungen fließen mit ein, die Spannungen abbauen und den Kindern so eine entspannte Lernvoraussetzung bieten. Für die Übungen brauchen Sie nur rutschfeste Matten und bequeme Kleidung.

Zu jeder Übung gibt es ein großes Foto und eine ausführliche Beschreibung, sodass Sie die Übung den Kindern gut zeigen können. Hier kommt es nicht auf Perfektion an! Jeder ist anders und unser Körper sagt uns sehr genau, wozu er sich in der Lage fühlt – wir müssen nur genau hinhören.

Das Ziel von Yoga und Kinesiologie ist es, Kindern zu helfen, ihre innere Mitte zu finden und ihre innere Stärke zu spüren – die Übungen in diesem Buch sind genau das richtige Handwerkszeug dafür.

Sie können einzelne Übungen gezielt herausgreifen, Bewegungsabläufe mit den Kindern machen oder ganze Bewegungseinheiten anbieten. Im zweiten Teil des Buches finden Sie passende Themen und Mitmachideen. Wenn die Kinder etwas Übung haben, können sie die Bewegungen auch selbstständig durchführen, wann immer ihnen danach ist.

Da Kindern Rituale guttun, findet sich in diesem Kapitel übrigens auch eine Variante des Sonnengrußes, der gut als Einstieg in die Bewegungs- und Sprachfördereinheit genutzt werden kann und die Kinder bereits auf die noch folgenden Übungen und Angebote einstimmt.

Grätsche

Yoga

So geht's

Die Beine werden hüftbreit auseinandergestellt und der Oberkörper wird nach vorn gebeugt. Die Arme werden hierbei gerade zum Boden geführt. Diese Haltung für einige Atemzüge halten.

Wirkung

Mit dieser Übung wird der Lendenwirbelbereich entlastet. Außerdem wird die Beinmuskulatur gedehnt und gekräftigt.

Grätsche – seitlich aufgedreht

Yoga

So geht's

Aus dem Grätschstand heraus wird die linke Hand zur rechten Fußaußenkante geführt. Die rechte Hand zeigt zur Decke. Der Blick folgt der rechten Hand.

Wirkung

Diese Übung mobilisiert die Wirbelsäule, formt und stärkt die Beinmuskulatur und kann den Lendenwirbelbereich entlasten.

Hund

Yoga

So geht's Im Vierfüßlerstand werden die Zehen aufgestellt, die Knie durchgedrückt und das Gesäß wird angehoben, sodass der Körper ein Dach bildet. Für ein paar Atemzüge halten.

Wichtig Bei dieser Übung ist auf einen geraden Rücken zu achten.

Wirkung Diese Übung kann einem Rundrücken vorbeugen. Außerdem kräftigt sie die Arm- und Schultermuskulatur.

Katze und Kuh

Yoga

So geht's

Ausgangsposition ist der Vierfüßlerstand – dabei ist darauf zu achten, dass die Knie unter der Hüfte und die Handgelenke unter den Schultern abgestellt werden. Dann wird das Kinn langsam Richtung Brust geführt und mit der Wirbelsäule ein runder Katzenbuckel geformt. Langsam wird der Blick wieder nach vorn gerichtet und der Rücken wird im Kuhrücken leicht durchgedrückt.

Wirkung

Gerade die Kombination aus Katze und Kuh dehnt und entspannt den Rücken und mobilisiert die Wirbelsäule.

Katze und Kuh – Überkreuz

Yoga

So geht's

Diese Übung baut auf der Übung *Katze und Kuh* auf. Aus der Kuh-Haltung heraus werden der rechte Arm und das linke Bein weit nach vorn bzw. hinten gestreckt. Danach werden Arm und Bein unter dem Körper zusammengeführt, sodass sich Ellenbogen und Knie annähern.
Dieser Übungsablauf wird 5 bis 10 Mal je Seite wiederholt, dann wird ein Seitenwechsel durchgeführt.

Wirkung

Wie in der Vorübung wird auch hier die Wirbelsäule mobilisiert, zusätzlich wird aber noch das Gleichgewicht geschult.

Kobra

Yoga

So geht's

Aus der Bauchlage heraus werden die Hände unterhalb der Schultern aufgestellt und der Oberkörper wird nach oben geschoben. Die Schultern zeigen entspannt nach unten und hinten und der Blick ist nach vorn gerichtet.

Wirkung

Diese Übung dehnt die Wirbelsäule und kräftigt die Armmuskulatur.

Nackenrolle

Kinesiologie

So geht's

Diese Übung kann sowohl im Sitzen als auch im Liegen durchgeführt werden. Die Schultern werden entspannt nach hinten und unten fallen gelassen. Dann wird das Kinn sanft zum Hals geführt. Der Kopf rollt sanft von der Mitte zur rechten Schulter, wieder zur Mitte und weiter zur linken Schulter.

Wichtig

Um zu vermeiden, dass der Nacken überstreckt wird, wird mit dem Kopf nie nach hinten, sondern nur nach vorn gerollt.

Wirkung

Diese Übung fördert die Sprachverarbeitung und das Sprachverständnis. Außerdem entspannt sie die Nackenmuskulatur.

Ohren auffalten

Kinesiologie

So geht's

Diese Übung kann im Stehen oder Sitzen durchgeführt werden. Daumen und Zeigefinger werden auf beiden Seiten an die äußere Rundung der Ohren gelegt. Mit den Fingern werden die Ohren dann ganz sanft von oben nach unten auseinandergefaltet. Diese Massage am besten mindestens 3 Mal wiederholen.

Wirkung

Die Ohrmassage verbessert das Hörverständnis und das Gleichgewicht. Außerdem hat sie eine entspannende Wirkung auf den Kiefer und die Gesichtsmuskeln.

Überkreuz

Kinesiologie

So geht's

Die Kinder stehen oder liegen, die Hände werden zum Kopf geführt. Das rechte Bein wird im Winkel angehoben, sodass das Knie ungefähr auf Hüfthöhe ist. Zeitgleich wird der linke Arm angewinkelt und der Ellenbogen des linken Arms zum Knie des rechten Beines geführt. Dann die Seite wechseln und mehrere Male wiederholen.

Variante

Im Stehen: Gerade am Anfang fällt es den Kindern leichter, wenn sie anstelle des Ellenbogens das Knie mit der Handfläche abklatschen. Aber auch hier sollte die Bewegung über Kreuz durchgeführt werden. Bein und Arm können auch hinter dem Körper zusammengeführt werden. Dann berührt die Hand den Fuß.

Wirkung

Diese Übung verbessert die Rechts-Links-Koordination, baut Stress ab und stärkt – durch das Überkreuzen der Mittellinie – die Verknüpfung der linken und der rechten Gehirnhälfte.

Wadenpumpe

Kinesiologie

So geht's

Aus dem Stand heraus machen die Kinder einen Ausfallschritt nach vorn. Das vordere Bein wird gebeugt, das hintere gestreckt. Der hintere Fuß steht auf Zehenspitzen. Die Hände werden auf das vordere Bein abgestützt und der Oberkörper wird leicht nach vorn gebeugt. Dann wird langsam die Ferse des hinteren Fußes sanft Richtung Boden gedrückt. Diese Position wird für ein paar Atemzüge gehalten und dann aufgelöst. Je Seite sollte die Übung mindestens 5 Mal wiederholt werden.

Wirkung

Diese Übung verbessert die Aufmerksamkeit sowie das Hör- und Leseverständnis. Außerdem sorgt sie für eine gute Beindehnung.

Schildi grüßt die Sonne

Ritual zum Einstieg in die Entspannung

Schildi grüßt die Sonne ist eine abgewandelte Form des traditionellen Sonnengrußes. Der Sonnengruß aktiviert, mobilisiert und wärmt den Körper für die kommende Entspannungseinheit auf. Der Rücken und die Wirbelsäule werden gedehnt und entspannt und die Muskulatur wird gekräftigt. Außerdem gibt der Sonnengruß Schwung für den Tag. Die Haltungen werden fließend umgesetzt und bilden mit dem beigefügten Mitmachreim ein schönes Anfangsritual.

Ablauf

Schildkröte

Im Fersensitz die Knie leicht nach außen zeigen lassen und die Hände mit den Handrücken zusammenführen. Die Hände werden dann gemeinsam zwischen die Beine geschoben und der Kopf wird abgelegt.

Händegruß

Von hier aus in den Stand gehen und die Hände zum Gruß nehmen.

Rückbeuge

Mit dem Oberkörper sanft in die Rückbeuge gehen und die Arme mit nach oben nehmen.

Vorbeuge

In die Vorbeuge übergehen – die Hände hierbei zum Boden führen.

Krieger

Die Hände auf der Matte abstellen, das rechte Bein bleibt auf Höhe der Hände in gebeugter Haltung stehen. Das linke Bein wird gestreckt nach hinten geführt.
Hierbei darauf achten, dass das Knie nicht über die Zehen hinausragt, da es sonst zu Knieproblemen kommen kann. Der Blick ist nach vorn gerichtet.

Stütz

Das rechte Bein wird ebenfalls nach hinten geführt. Die Zehen sind aufgestellt.

Fersensitz

Aus dem Stütz in den Fersensitz übergehen, um dann nach vorn zu „schnuppern“: Der Oberkörper wird mit dem Gesicht ganz nah an der Matte nach vorn geführt.

Kobra

In die Kobra übergehen …

Hund

… und anschließend in den Hund.

Nun geht es rückwärts:
Aus der Haltung des Hundes heraus wird das linke Bein in der Beuge vorgestellt zu den Händen – das rechte bleibt gestreckt *(Krieger – seitenverkehrt)*. Dann werden die Füße nebeneinandergestellt *(Vorbeuge)*. Von hier aus aufrichten und in die Rückbeuge gehen. Anschließend den Sonnengruß mit dem Händegruß abschließen.

Schildi grüßt die Sonne

Mitmachreim

Guten Morgen, liebe Sonne, *(Schildkröte)*
schön, dass du mich jetzt aufweckst. *(Händegruß)*
Dann werd ich wach und genieße, *(Rückbeuge)*
wie du meine Nase neckst.

Ich berühre gern den Boden, *(Vorbeuge)*
liebe Erde, du trägst mich,
nährst die Tiere und die Menschen,
dafür danke ich.

Wie ein Krieger stark im Leben, *(Krieger)*
hab auch ich ganz viel zu geben.

Stärke hab ich in den Armen, *(Stütz)*
eins und zwei.
Und Stärke hab ich in den Beinen –
sind doch immer mit dabei.

Meinen Rücken dehn ich und tu Gutes, *(Fersensitz zu Kobra)*
so bin ich jeden Tag guten Mutes.

Einen langen Rücken mach ich gern – *(Hund)*
das ist der Yoga-Hund,
den erkennt man von nah und fern.

Mein linkes Bein, *(Krieger linkes Bein)*
das will auch noch ein Krieger sein.
Dann stell ich beide Beine zusammen,
denn sie sind nicht gern allein. *(Vorbeuge)*

Und dann streck ich mich dir entgegen – *(Rückbeuge)*
liebe Sonne, strahl mich an.
Voller Freude will ich mich bewegen – *(Händegruß)*
jetzt fängt mein Tag erst richtig an!

Praxisteil

Mitmachgeschichten, Bewegungsgeschichten und Erzählrunden

Geschichten mit Schildi Schildkröte

Mit viel Bewegung die Welt entdecken

Mit Schildi Schildkröte zieht eine neue Freundin bei den Kindern ein, die immer wieder spannende Themen im Gepäck hat, die die Kinder aus ihrem Alltag kennen: Geschichten über Tiere, Ausflüge in den Zoo oder den Wald oder die vier Jahreszeiten – Kinder mit unterschiedlichsten Interessengebieten werden angesprochen und so wird jeder Charakter zum Mitmachen motiviert.

Für jede Bewegungs- und Sprachfördereinheit benötigen Sie eine kleine Stoffschildkröte – entweder aus Ihrem Fundus oder ganz einfach selbst genäht (siehe Anhang). Besonders schön ist es, wenn jedes Kind seine eigene Stoffschildkröte bekommt.

Neben der einführenden Mitmach- oder Bewegungsgeschichte oder den Ideen zu einer Erzählrunde bringt Schildi Schildkröte immer auch etwas Gereimtes mit – mal einen Mitmachreim oder auch ein Lied. Die vorgestellten Yoga- und Kinesiologieübungen kommen in fast jedem Angebot wieder vor.

Die rutschfesten Matten und die bequeme Kleidung gehören zu jeder Bewegungseinheit mit Schildi Schildkröte dazu. Was Sie sonst noch brauchen, finden Sie in den Materiallisten bei den Angeboten. Zusätzlich gibt es meist noch ein Kreativangebot oder eine Spielidee, die das Thema noch einmal aufgreift.

Ein Ritual mit Schildi Schildkröte

Rituale helfen den Kindern, sich leichter auf das Kommende einzustellen und sich zurechtzufinden. Viele (vor allem schüchterne) Kinder begrüßen schon die kleinsten Rituale, da ihnen diese Halt und Orientierung geben.

Ein schöner Ablauf für eine Bewegungseinheit mit Schildi Schildkröte wäre beispielsweise:

- Begrüßen der Kinder im Stuhlkreis
- Vorstellen und Begrüßen von Schildi Schildkröte (gern mithilfe des Steckbriefes)
- gemeinsam die Bewegungseinheit *Schildi grüßt die Sonne* durchführen
- ausgewähltes Thema umsetzen
- Kreativangebot/Spielidee realisieren
- Schildi Schildkröte wieder verabschieden und Stuhlkreis auflösen

Die Yoga- und Kinesiologiehaltungen können Sie im Vorfeld mit den Kindern üben oder während der Durchführung gemeinsam entdecken.

Die Katze auf dem Dach

Bewegungsgeschichte + Mitmachreim

Alter ab 3 Jahren

Übungen Schildkröte (aus dem Sonnengruß), Katze, Katze und Kuh, Katze und Kuh – Überkreuz, Hund, Kobra

So geht's Erzählen Sie den Kindern die Geschichte von Schildi Schildkrötes Begegnung mit der kleinen Katze und machen Sie gemeinsam die Bewegungen. Der Mitmachreim ergänzt die Geschichte.

Das bewirkt's Sprachkompetenz erweitern, Rücken und Wirbelsäule dehnen und entspannen, Armmuskulatur kräftigen, linke und rechte Gehirnhälfte verknüpfen

Schildi Schildkröte hat heute etwas ganz Aufregendes gesehen: Eine kleine Katze ist auf einem Dach entlangspaziert und hatte dabei gar keine Angst. Ganz entspannt ist sie dann wieder hinuntergeklettert und hat sich nach ihrem kleinen Ausflug ausgeruht. Und wie das ausgesehen hat, das spielen wir jetzt nach:

Schildi Schildkröte schläft tief und fest. *(Schildkröte)* Doch da kommt die Sonne hervor und kitzelt sie mit ihren Strahlen langsam wach. *(aus Haltung lösen)* Schildi schaut sich um *(umschauen)* und entdeckt ein kleines Kätzchen, das durch den Garten spaziert. *(Katze)*

Die Katze dehnt ihren Rücken *(Katze und Kuh im Wechsel)* und wackelt ein bisschen mit dem Popo. *(wackeln)* Dann springt sie fröhlich über die Wiese.

Die kleine Katze entdeckt ein Gartenhaus und springt geschickt über die Wasserrinne auf das Dach. *(Hund)* Ganz vorsichtig balanciert die kleine Katze von der einen Seite auf die andere Seite des Daches *(Katze und Kuh – Überkreuz)* und springt dann wieder vom Hausdach herunter.

Sie landet sicher, macht sich noch einmal ganz groß *(Hund)* und streckt sich dann der Sonne entgegen. *(Kobra)* Und weil der kleine Ausflug für die junge Katze so anstrengend war, hat sie sich gleich danach schlafen gelegt. *(Schildkröte)*

Kleine Katze

Mitmachreim

Kleine Katze – gerade frisch aufgewacht,
(Katze und Kuh)

springt ganz fröhlich von Dach zu Dach.
(Hund)

Streckt sich gern der Sonne entgegen,
(Kobra)

um sich nach dem Ausflug wieder hinzulegen.
(Schildkröte)

Bereit für den Tag

Bewegungsgeschichte + Mitmachreim

Alter	ab 3 Jahren
Übungen	Ohren auffalten, Überkreuz, Wadenpumpe, Nackenrolle
So geht's	Erzählen Sie den Kindern die Geschichte von Schildi Schildkrötes Morgenroutine und machen Sie gemeinsam die Bewegungen. Der Mitmachreim ergänzt die Geschichte.
Das bewirkt's	Wortschatz erweitern *(Morgenritual)*, rechte und linke Gehirnhälfte verknüpfen, Hör- und Leseverständnis sowie Sprachverständnis verbessern, entspannen

Unsere kleine Schildkröte ist heute Morgen ins Bad gegangen und hat sich erst einmal hinter den Ohren gewaschen. *(Ohren auffalten)* So, jetzt klappt es bestimmt gleich viel besser mit dem Zuhören.

Dann hat Schildi sich die Zähne geputzt *(Zähneputzbewegung machen)* und sich noch mal richtig gereckt und gestreckt. *(strecken)*

Da hat Schildi festgestellt, dass ihre Beine noch gar nicht richtig wach sind, deshalb hat sie erst das rechte Bein geweckt *(Wadenpumpe rechtes Bein)* und dann das linke Bein. *(Wadenpumpe linkes Bein)*

Jetzt fühlt sich Schildi gleich viel fitter. Damit sie aber besonders gut in den Tag starten kann, möchte sie auch ihr Gehirn einschalten, dann fällt das Denken leichter. Also will sie auch die rechte und die linke Gehirnhälfte wecken und läuft deshalb einmal über Kreuz im Bad herum. *(Überkreuz im Kreis laufen)*

Ah, ich kann sogar sehen, wie es hinter eurer Stirn leuchtet – wie bei Schildi ist bei uns auch das Lichtlein angegangen – jetzt kann der Tag kommen. Wir sind bereit!

Guten Morgen, liebe Ohren

Mitmachreim

Guten Morgen, liebe Ohren, seid ihr auch schon beide da?
Könnt ihr alles recht gut hören, na das ist ja wunderbar.
(Ohren auffalten)

Auch die Zähne wollen strahlen und dabei recht helle blinken,
dafür putz ich sie am Morgen und beweg mich wie beim Winken.
(Zahnputzbewegung machen)

Guten Morgen, kleines Kinn, bist du auch schon so früh wach?
Bildest mit dem Hals und Nacken grad ein supertolles Dach.
(Nackenrolle)

Auch die Beine will ich wecken, denn es wird bald Zeit zu gehn.
Dazu muss ein Bein ich strecken, damit klappt es – wirst schon sehn.
(Wadenpumpe)

Und das Lichtlein schalt ich an, damit das Denken leichter geht,
mit Überkreuz geht das ganz einfach, wie ein jeder hier gut sieht.
(Überkreuz)

Im Garten

Erzählrunde + Mitmachreim

Alter	ab 3 Jahren
Übungen	Schildkröte, Katze und Kuh – Überkreuz, Hund, Kobra, Grätsche, Grätsche – seitlich aufgedreht
Material	Bilder von verschiedenen Gartenblumen (z. B. aus Büchern oder dem Internet)
So geht's	Die Gesprächsimpulse und Fragen erleichtern den Einstieg in eine Erzählrunde zum Thema *Garten*. Der Mitmachreim ergänzt die Erzählrunde.
Das bewirkt's	Sprache und Bewegung verknüpfen, Rücken und Wirbelsäule dehnen und entspannen, Armmuskulatur kräftigen, linke und rechte Gehirnhälfte verknüpfen, Beinmuskulatur dehnen und kräftigen

Gesprächsimpulse für eine Erzählrunde

- Schildi Schildkröte ist heute im Garten unterwegs gewesen und hat dabei viele verschiedene Blumen entdeckt. Welche Blumen wachsen denn bei euch zu Hause im Garten? (z. B. Gänseblümchen, Tulpen, Nelken, Rosen, Schlüsselblume, Veilchen …)
- Schildi und ich merken schon, ihr kennt euch richtig gut aus. Habt ihr denn auch eine Lieblingsblume?
- Wisst ihr auch schon, was eine Blume braucht, damit sie gut wachsen kann? (z. B. Erde, Wasser, Sonne)

Kleine Kreatividee: **Blumen pressen**

Material: alte Zeitungen und Bücher

Die Kinder dürfen im Garten des Kindergartens oder auf einer Wiese eine Blume pflücken, in eine alte Zeitung legen und mit einem Buch für ein paar Tage pressen. Danach werden die Blumen auf ein Plakat geklebt und ggf. beschriftet.

Meine Lieblingsblumen

Mitmachreim

Wenn die Sonnenstrahlen mich wecken,
wird es Zeit, die Welt zu entdecken.
(Schildkröte, dann langsam in den Fersensitz)

Ich will in den Garten gehen
und die vielen Blumen ansehen.
(Katze und Kuh – Überkreuz)

Manche Blumen sind groß und lang,
andere wachsen am Boden entlang.
(Hund, dann Kobra)

Die Rose mit ihrem schönen Duft,
verzaubert unsere Luft.
(Grätsche)

Doch mit den Dornen gib gut acht,
damit sie dir keine Verletzung macht.
(Grätsche – seitlich aufgedreht)

Nebenan, da wächst die Tulpe gern,
Und auch das weiße Gänseblümchen ist nicht fern.
(Grätsche – seitlich aufgedreht, andere Seite)

Auch die Schlüsselblume erstrahlt in hellem Gelb
und erfreut mit ihrer Farbe die ganze Welt.
(Hund)

Eine Nelke findet man oft im Garten,
sie kann mit den schönsten Farben aufwarten.
(Fersensitz)

Am liebsten lass ich die Blumen im Garten stehn,
doch für Omas Geburtstag lassen sie sich gern in
einem Blumenstrauß sehn.
(Unterarme zusammenlegen und Finger abspreizen wie eine Blüte)

Die bunte Welt der Farben

Mitmachgeschichte + Mitmachlied

Alter	ab 3 Jahren
Übungen	Überkreuz, Katze, Kobra, Hund, Nackenrolle, Grätsche – seitlich aufgedreht, aus dem Sonnengruß: Händegruß und Rückbeuge
Material	Farbkarten in Grau, Grün, Weiß, Rosa, Rot, Braun, Schwarz, Blau, Gelb (aus Ihrer Sammlung)
So geht's	Wenn eine Farbe im Text genannt wird, halten Sie oder eines der Kinder die jeweilige Farbkarte hoch. Das Farbenlied ergänzt die Geschichte.
Das bewirkt's	Wortschatz erweitern *(Farben)*, Farbennamen zuordnen, Wirbelsäule mobilisieren, rechte und linke Gehirnhälfte verknüpfen, auditive Sprachverarbeitung und Sprachverständnis fördern, Nackenmuskulatur entspannen

Schildi Schildkröte ist heute Morgen ganz fasziniert. Auf ihrem Weg zu uns wurde sie richtig verzaubert von den vielen verschiedenen Farben, an denen sie vorbeigekommen ist.

Wenn Schildi Schildkröte nämlich das Haus verlässt, steht sie zuerst auf einer **grünen** Wiese. Über einen **grauen** Weg kommt sie dann aus dem Garten heraus.

Links und rechts vom Weg blühen bunte Blumen. Es wachsen im Winter **weiße** Schneeglöckchen, zu Ostern blühen **gelbe** Osterglocken und im Sommer blühen dort **rosa** und **rote** Rosen.

Schildi hat auch ein Gartentor. Das Gartentor ist **braun** gestrichen und hat einen **schwarzen** Griff.

Ein kleines Stück auf dem Gehweg neben der Straße muss Schildi auch laufen. Da kann schon mal ein **blaues** oder **grünes** Auto an ihr vorbeikommen.

Kurz vor dem Kindergarten kommt Schildi dann noch an eine Fußgängerampel. Heute war das oberste Licht zuerst an – die Ampel stand also auf **Rot**, dann hat die Ampel auf **Gelb** geschaltet und auf **Grün**. Bei **Grün** konnte Schildi über die Straße gehen und ist nun bei uns im Kindergarten angekommen.

Welche Farben begegnen euch, wenn ihr in den Kindergarten lauft? Welche Farben hat heute eure Kleidung? Und was sind eure Lieblingsfarben?

Unsere Welt ist bunt und schön

Mitmachlied

Unsere Welt ist bunt und schön, bunt und schön,
bunt und schön.
Unsere Welt ist bunt und schön, bunt und schön.
(Grätsche – seitlich aufgedreht, Arme hin- und herbewegen)

Durch Schnee kannst du im Winter gehn,
Winter gehn, Winter gehn.
Weißen Schnee kannst du im Winter sehn,
Winter sehn.
(Überkreuz)

Im Frühling ist die Wiese grün, Wiese grün, Wiese grün.
Im Frühling ist die Wiese grün, Wiese grün.
(Katze)

Die gelbe Sonn´ scheint hell und warm, hell und warm,
hell und warm.
Die gelbe Sonn´ scheint hell und warm, hell und warm.
(Rückbeuge aus dem Sonnengruß)

Aus roten Rosen mache ich nen Strauß,
ich nen Strauß, ich nen Strauß.
Aus roten Rosen mache ich nen Strauß.
(Händegruß aus dem Sonnengruß)

Im braunen Häuschen spiel ich gern, spiel ich gern,
spiel ich gern.
Im braunen Häuschen spiel ich gern, spiel ich gern.
(Hund)

Der Himmel ist ganz blau und schön, blau und schön,
blau und schön.
Der Himmel ist ganz blau und schön, blau und schön.
(Kobra)

Bei Nacht kann ich vor schwarz nix sehn,
schwarz nix sehn, schwarz nix sehn.
Bei Nacht kann ich vor schwarz nix sehn,
schwarz nix sehn.
(Nackenrolle)

(Melodie: Dornröschen war ein schönes Kind)

Kleine Kreatividee: **Farbkleckse-Bild**

Material: Wasserfarben, Pinsel, Strohhalme und Papier für jedes Kind

Die Wasserfarben werden mit viel Wasser angerührt und mit einem Pinsel auf das Papier gekleckst.
Mit dem Strohhalm pusten die Kinder auf die Farbe und lassen sie somit über das Papier laufen.
Durch verschiedene Farben entstehen so farbenfrohe Klecksbilder.

Das Osterfest

Erzählrunde + Mitmachreim

Alter	ab 3 Jahren
Übungen	Katze, Kuh, Hund, Kobra
Material	Kopiervorlage 3: Das Oster-Memo
So geht's	Kopieren Sie vorab die Oster-Bildkarten (Kopiervorlage 3) und schneiden Sie sie aus. Setzen Sie die Bilder als Unterstützung bei der Erzählrunde über Ostern ein: Wenn die Kinder bestimmte Begriffe nennen, zeigen Sie die jeweilige Karte. Die Gesprächsimpulse und Fragen erleichtern den Einstieg in eine Erzählrunde zum Thema *Ostern*. Der Mitmachreim ergänzt die Osterrunde.
Das bewirkt's	Wortschatz erweitern *(Ostern)*, Rücken- und Beinmuskulatur kräftigen und entspannen

Gesprächsimpulse für eine Erzählrunde

- Schildi Schildkröte liebt den Frühling, weil dann die Blumen erwachen, die Sonne immer öfter hell und warm strahlt und die Vögel singen. Mögt ihr etwas besonders gern am Frühling?
- Schildi Schildkröte mag den Frühling auch wegen eines Festes – und sie feiert doch immer so gern! Bei dem Fest werden oft kleine Geschenke versteckt. Wer hat eine Idee, welches Fest das sein könnte?
- Mögt ihr Ostern auch? Erzählt mal, was ihr besonders gern an Ostern mögt.
- Hat einer von euch schon mal den Osterhasen gesehen?

Spielidee: **Oster-Memo**

Material: Kopiervorlage 3, Schere, Karton

Kopieren Sie die Memo-Karten aus Vorlage 3 vorab zwei Mal, kleben sie auf festen Karton und schneiden Sie die Bilder aus. Nach den bekannten Memory-Regeln spielen die Kinder ein Oster-Memo. Dadurch wird der Wortschatz gefestigt und die Merkfähigkeit gefördert.

Im Frühling, wenn die Sonne lacht

Mitmachreim

Im Frühling, wenn die Sonne lacht,
hat mir der Osterhase was gebracht.
(Hund)

Ganz versteckt im grünen Gras,
find ich schon den Schokohas.
(Kobra)

Bunte Eier gibt es auch,
ruck, zuck sind sie in meinem Bauch.
(Katze)

Manchmal gibt's auch kleine Geschenke für mich,
warst du brav, gibt's auch was für dich.
(Kuh)

Bei den Bauernhoftieren

Erzählrunde + Mitmachreim

Alter	ab 3 Jahren
Übungen	Katze, Kuh, Grätsche, Grätsche – seitlich aufgedreht, Schildkröte (aus dem Sonnengruß)
So geht's	Die Gesprächsimpulse und Fragen erleichtern den Einstieg in eine Erzählrunde zum Thema *Bauernhof*. Der Mitmachreim ergänzt die Erzählrunde.
Das bewirkt's	Wortschatz erweitern *(Bauernhoftiere)*, Rücken und Wirbelsäule dehnen und entspannen, Beinmuskulatur dehnen und kräftigen

Gesprächsimpulse für eine Erzählrunde

- Schildi Schildkröte liebt alle Tiere. Deshalb geht sie auch gern mal einen Bauernhof besuchen. Könnt ihr mir sagen, was für Tiere man auf einem Bauernhof finden kann? (z. B. Schwein, Kuh, Huhn, Hahn, Pferd, Esel, Schaf, Ziege, Katze, Hund, Maus …)
- Schildi und ich staunen, wie gut ihr euch doch auskennt! Wisst ihr auch, wofür der Bauer die Tiere braucht? (z. B. Huhn für Eier, Schwein für Fleisch, Kuh für Milch …)
- Natürlich gibt es auch Bauern, die nicht nur Tiere haben, sondern auch Felder bestellen, das heißt, sie säen auch etwas. Hat jemand eine Idee, was das sein könnte? (z. B. Weizen, Raps, Dinkel, Hafer, Mais …)
- Und damit der Bauer nicht alles zu Fuß machen muss, hat er auch oft ein Fahrzeug – wie heißt es? (z. B. Traktor)

Kleine Kreatividee: Schildis Freund Schweini

Material: Kopiervorlage 4, 1 Pappteller für jedes Kind, Bastelpapier (Rosa und Weiß), Fingerfarbe (Pink, Weiß und Schwarz), Wolle in Rosa, Scheren, Pinsel, Kleber

Kopieren Sie die Bastelvorlage 4, schneiden Sie sie aus und übertragen Sie für jedes Kind den Schweinekopf auf weißes Papier, die Schnauze, die Ohren (2 Mal) und die Füße (4 Mal) auf rosafarbenes Papier. Die Kinder schneiden die Einzelzeile aus und malen den Pappteller pink an. Ist die Farbe trocken, kleben die Mädchen und Jungen das Schwein – wie auf dem Bild zu sehen – zusammen und ergänzen Nase und Augen. Schweini bekommt noch einen Ringelschwanz aus Wolle.

Auf dem Bauernhof

Mitmachreim

Auf dem Bauernhof, da gibt es Schweine,
sie haben Ringelschwanz und auch vier Beine.

(Kuh)

Auch eine Katze kannst du dort oft sehn,
sie wird auf dem Hof gerne spazieren gehen.

(Katze)

Im Stall, da stehen oft die Kühe,
sie geben uns die Milch, das macht ihnen fast keine Mühe.

(Kuh)

Auf der Wiese stehen auch manchmal viele Pferde,
nicht eins, nicht zwei, sondern links und rechts eine ganze Herde.

(Grätsche, Grätsche – seitlich aufgedreht, nach rechts und nach links)

Im Frühling gibt's bei den Schafen oft kleine Lämmlein,
sie kuscheln gerne mit ihrer Mama – sie sind ja noch so klein.

(Schildkröte)

Unser Essen

Erzählrunde + Mitmachreim

Alter	ab 3 Jahren
Übungen	Hund, Kobra, Katze, Kuh, Katze und Kuh – Überkreuz
Material	Fotos von verschiedenen Lebensmitteln (Obst, Gemüse, Wasser, Saft, Milch, Schokolade, Gummibärchen ...), z. B. aus Werbeprospekten, rotes und grünes Tonpapier, Stifte, Scheren, Klebstoff
So geht's	Die Gesprächsimpulse und Fragen erleichtern den Einstieg in eine Erzählrunde zum Thema *Lebensmittel*. Die Bilder der Lebensmittel sind Anschauungs- und Bastelmaterial. Aus ihnen wird eine Collage gestaltet. Der Mitmachreim ergänzt die Erzählrunde.
Das bewirkt's	Wortschatz erweitern *(Lebensmittel)*, gesunde und ungesunde Lebensmittel kennenlernen, Rücken und Wirbelsäule dehnen und entspannen, linke und rechte Gehirnhälfte verknüpfen

Gesprächsimpulse für eine Erzählrunde

- Schildi Schildkröte hat heute für uns ganz viele Bilder mitgebracht. Wer kann denn schon erkennen, was auf den Bildern zu sehen ist?
- Was esst ihr davon am liebsten?
- Von manchen Lebensmitteln dürfen wir ganz viel essen, weil es gesunde Lebensmittel sind, und manche Lebensmittel sind eher ungesund, da brauchen wir nicht so viel oder am besten gar nichts davon. Auf den Bildern findet ihr gesunde und auch ungesunde Lebensmittel.
- Jeder von euch darf sich ein Bild aussuchen und sagen, was darauf abgebildet ist, und uns anschließend erklären, ob es ein gesundes oder ungesundes Lebensmittel ist. Die gesunden Sachen kleben wir dann auf das grüne Tonpapier und die ungesunden Sachen auf das rote.

Ganz viel Obst

Mitmachreim

Ganz viel Obst wächst an dem Baum,
Apfel, Kirschen, Birnen – welch ein Traum.
(Hund)

Erdbeeren, die mag ich auch,
wachsen auf der Erde und nicht an einem Strauch.
(Kobra)

Zucchini, Kräuter, Gurken und Tomaten
findet man in jedem Garten.
(Katze)

Schokolade und Gummibärchen schmecken zwar gut,
machen aber schnell einen dicken Bauch – sei auf der Hut.
(Kuh)

Milch, Fleisch, Wurst und auch gesunder Fisch,
gehören immer mal wieder auf den Tisch.
(Kuh halten)

Denn damit ich gesund wachsen kann,
kommt es auf abwechslungsreiche Ernährung an.
(Katze und Kuh – Überkreuz)

Das ziehe ich an

Mitmachgeschichte + Mitmachreim

Alter	ab 3 Jahren
Material	Kopiervorlagen 5 und 6: Anziehpuppen Rosalinde und Kinder, Scheren, Buntstifte, Schachtel
So geht's	Kopieren Sie die Vorlagen am besten auf DIN A 3. Kopiervorlage 5 einmal, Kopiervorlage 6 für jedes Kind. Schneiden Sie die Anziehpuppe und die Kleidungsstücke vorab aus und packen Sie sie in eine kleine Schachtel. Erzählen Sie den Kindern die Geschichte von Rosalinde. Die Kinder dürfen die Puppe anziehen und anschließend auch ihre eigenen Anziehpuppen gestalten (Kopiervorlagen 5 und 6). Der Mitmachreim ergänzt die Geschichte.
Das bewirkt's	Wortschatz erweitern *(Kleidung)*

Schildi Schildkröte hat euch heute Rosalinde mitgebracht. Rosalinde ist einfach in Unterhemd und Unterhose aus dem Haus gegangen und hat sich gewundert, warum manche Leute ein bisschen komisch geguckt haben.

Schildi Schildkröte hat gleich bemerkt, dass Rosalinde etwas vergessen hat – wer von euch sieht denn, was ihr fehlt?
Rosalinde hat einfach vergessen, sich anzuziehen. Aber sie hat Glück, Schildi hat ein Köfferchen mit ein paar Kleiderstücken, die ihr passen könnten.

Schaut mal, was ich hier habe: Hier habe ich eine Hose. Sollen wir Rosalinde anziehen? *(ein Kind zieht der Puppe die Hose an)*

Jetzt braucht Rosalinde noch etwas für den Bauch und die Arme – was sollen wir da nehmen? *(die Kinder wählen zwischen T-Shirt und Pullover, ein Kind zieht der Puppe das Oberteil an)*

Bevor Rosalinde aber das nächste Mal das Haus verlässt, braucht sie noch etwas für die Füße. Was fehlt noch? *(ein Kind zieht der Puppe Strümpfe an)*

Über die Strümpfe muss aber noch etwas – genau die Schuhe. *(ein Kind zieht der Puppe die Schuhe an)*

Was meint ihr: Ist Rosalinde jetzt richtig angezogen? Fragen wir mal Schildi.
Schildi Schildkröte ist sehr zufrieden – so kann Rosalinde endlich nach draußen gehen.

Was hab ich an?

Mitmachreim

Ist die Unterwäsche an,
ist auch schon die Hose dran.
(Hose anziehen nachahmen)

Der Pullover hält schön warm,
(Pullover anziehen nachahmen)
im Sommer reicht ein T-Shirt ohne Arm.
(auf die Arme zeigen)

Strümpfe tun den Füßen gut –
(Strümpfe anziehen nachahmen)
ein Schuh sie auf der Straße schützen tut.
(Schuhe binden nachahmen)

Ist es kalt, muss noch eine Jacke her,
(Jacke überziehen nachahmen)
und bei Schnee wärmen Mütze und Handschuh mehr.
(Mütze und Handschuh anziehen nachahmen)

Die vier Jahreszeiten

Erzählrunde + Mitmachreim

Alter	ab 3 Jahren
Übungen	Schildkröte, Katze, Hund
So geht's	Die Gesprächsimpulse und Fragen erleichtern den Einstieg in eine Erzählrunde zum Thema Jahreszeiten. Der Mitmachreim ergänzt die Erzählrunde.
Das bewirkt's	Sprache und Bewegung verknüpfen, Rücken und Wirbelsäule dehnen und entspannen

Gesprächsimpulse für eine Erzählrunde

- Habt ihr heute schon aus dem Fenster geschaut? Welches Wetter ist draußen?
- Wer weiß denn, welche Jahreszeit wir gerade haben – Frühling oder Sommer oder Herbst oder Winter?
- Ihr kennt euch wirklich schon sehr gut aus! Ist unser Wetter heute typisch für die Jahreszeit?
- Wer weiß denn, wie das Wetter normalerweise im Frühling bei uns ist? Und wenn man hinaus möchte, was sollte man im Frühling anziehen?
- Und was habt ihr im Sommer an? Gibt es etwas, was ihr nur im Sommer macht?
- Wie ist das Wetter wohl im Herbst? Was passiert mit den Bäumen?
- Dann haben wir noch den Winter. Wie ist das Wetter oft im Winter? Ein Fest feiern wir auch im Winter, auf das sich viele Kinder freuen, weil es Geschenke gibt. Wer weiß wohl, welches Fest das sein könnte?
- Schildi Schildkröte mag jede Jahreszeit gern, doch wie ist es mit euch? Welche Jahreszeit habt ihr am liebsten?

Frühling, Sommer, Herbst und Winter

Mitmachreim

Im Frühling wachen die Blumen auf
und das Jahr beginnt mit seinem Lauf.
(aus der Schildkröte in die Katze)

Im Sommer ist es warm und schön,
da kann ich ganz oft ins Freibad gehen.
(Hund)

Im Herbst, da werden die Bäume bunt und kahl
und es regnet jetzt oft – nicht nur ein Mal.
(Katze)

Im Winter ruhn sich die Bäume aus,
bis zum nächsten Frühjahr – dann kommen sie wieder raus.
(Schildkröte)

Kleine Kreatividee: Handabdruck-Jahreszeitenbaum

Material: hellblaues Papier für jedes Kind, Fingerfarbe (Braun, Hellgrün, Dunkelgrün, Rosa und Rot), Pinsel, Malkittel

Bei dieser Idee gestalten die Kinder Jahreszeitenbäume mit ihren Händen. Zunächst wird eine Hand bis zur Hälfte des Unterarmes braun angemalt. Den Arm und die gespreizte Hand drucken die Kinder auf das Papier. Dies bildet den Stamm mit der Baumkrone. Nachdem der Arm wieder sauber gewaschen wurde, wird die Baumkrone in vier Bereiche aufgeteilt: Links unten soll der Frühling dargestellt werden, links oben der Sommer, rechts oben der Herbst und rechts unten in der Baumkrone der Winter. Mit den Fingern tupfen die Kinder den Jahreszeiten entsprechend die Blätter in die Baumkrone: Hellgrün und Rosa im Frühling, Dunkelgrün im Sommer, Rot im Herbst und der Winter bleibt frei.

Unser Ausflug in den Zoo

Bewegungsgeschichte + Mitmachreim

Alter	ab 3 Jahren
Übungen	Katze, Grätsche – seitlich aufgedreht
Material	Kopiervorlage 7: Bildkarten der Zootiere
So geht's	Kopieren Sie die Vorlage 7 und schneiden Sie die Bilder aus. Erzählen Sie den Kindern die Geschichte von dem Ausflug in den Zoo und machen Sie gemeinsam die Bewegungen. Wenn die Kinder das richtige Tier genannt haben, halten Sie die jeweilige Bildkarte hoch.
Das bewirkt's	Wortschatz erweitern *(Zootiere)*, Bewegung und Motorik fördern, Rücken und Wirbelsäule dehnen und entspannen

Heute will uns Schildi Schildkröte mit in den Zoo nehmen. Damit wir loskönnen, müssen wir uns erst einmal die Schuhe anziehen, die Jacke überstreifen und dann die Türe öffnen. *(Anzieh- und Türöffnungsbewegung machen)* Und schon laufen wir los. *(auf der Stelle laufen)*

Ah, da vorn kann ich bereits den Zoo sehen. Schildi Schildkröte lädt uns herzlich ein. Wir kommen an ein Gehege mit einem Tier, das groß und grau ist und einen langen Rüssel hat – wer weiß, wie dieses Tier heißt? *(Bildkarte „Elefant")*

Der Elefant hat einen langen Rüssel *(Arme wie einen Rüssel verschränken)* und ruft laut: „Töröööö." Der Elefant kann sich mit dem Rüssel übrigens das Futter holen – könnt ihr das mit eurem Rüssel auch? *(Bewegung probieren)*

Dann laufen wir weiter zu einer großen gelben Katze mit einer gewaltigen Mähne und großen Krallen. Was könnte das wohl für ein Tier sein? *(Bildkarte „Löwe")* Der Löwe hat scharfe Krallen und kann ganz laut brüllen – lasst uns das mal ausprobieren, ob wir das auch können. *(Hände wie Krallen formen und brüllen)*

Jetzt schauen wir aber weiter zu einem Tier, das ein riesiges Horn auf der Nase hat. Was könnte das für ein Tier sein? *(Bildkarte „Nashorn")* – und obwohl es so groß und so dick ist, ernährt es sich nur von Obst und Gemüse.

Es geht weiter *(Laufbewegung machen)* zu einem rosa gefiederten Tier, das auch gern mal nur auf einem Bein steht *(auf ein Bein stellen)* – wer könnte das sein? *(Bildkarte „Flamingo")*

Schildi Schildkröte führt uns noch weiter zu Tieren, die braunes Fell haben, gern Bananen essen und sich ganz schnell von Ast zu Ast schwingen können. Wem fällt ein, welches Tier das sein kann? *(Bildkarte „Affe")*

Zum Schluss treffen wir noch Tiere, die sehen fast aus wie Pferde, die sich einen Streifenanzug angezogen haben. Habt ihr eine Idee, wer das sein kann? *(Bildkarte „Zebra")* Das Zebra mag am liebsten mit anderen Zebras zusammen sein. *(Pferdegalopp hüpfen)*
Langsam wird es wieder Abend und wir gehen nach Hause. Das war ein schöner Tag im Zoo!

Die Zootiere

Mitmachreim

Der Elefant, der Elefant,
der ist das größte Tier an Land.
(Elefantenrüssel machen)

Der Löwe brüllt ganz laut und toll,
weil ihn jeder im Dschungel hören soll.
(Katze, dann aufrichten in den Fersensitz, Krallenhände machen und laut brüllen)

Das Nashorn ist ganz groß und schwer,
dafür halten Pflanzen her.
(Grätsche – seitlich aufgedreht)

Der Flamingo ist so schön und fein
und steht am liebsten auf einem Bein.
(auf einem Bein stehen)

Der Affe hat ein braunes Fell
und schwingt sich von Baum zu Baum ganz schnell.
(hin- und herhüpfen)

Die Zebras sehen fast aus wie Pferde,
sie galoppieren am liebsten in der Herde.
(Pferdegalopp machen)

Spielidee: Tier-schnapp-Spiel

Material: Fliegenklatsche für jedes Kind, Bildkarten Zootiere (Kopiervorlage 7)

Die Kinder sitzen am Tisch, jedes Kind hat eine Fliegenklatsche. Die Tierkärtchen liegen auf dem Tisch. Wenn Sie ein Tier nennen, versuchen die Kinder, so schnell wie möglich, das richtige Tier abzuklatschen. Wer zuerst ein Tier abgeklatscht hat, darf es zu sich nehmen. Wer hat am Ende die meisten Karten? Bei einer größeren Kindergruppe sollte es mehrere Spielgruppen geben oder Sie sollten die Bildkarten öfter kopieren.

Gefühle in meinem Bauch

Erzählrunde + Mitmachreim

Alter	ab 4 Jahren
Übungen	Hund, Kobra, Grätsche, Ohren auffalten, Überkreuz
So geht's	Die Gesprächsimpulse und Fragen erleichtern den Einstieg in eine Erzählrunde zum Thema *Gefühle*. Der Mitmachreim ergänzt die Erzählrunde.
Das bewirkt's	Wortschatz erweitern *(Gefühle)*, Ausdruck (Mimik) fördern, Rücken- und Beinmuskeln stärken und entspannen, Hörverständnis fördern, linke und rechte Gehirnhälfte verknüpfen

Gesprächsimpulse für eine Erzählrunde

- Schildi Schildkröte ist heute wieder zu Besuch. Sie freut sich immer, euch zu sehen. Das kann man gut daran erkennen, dass sie so fröhlich guckt. *(lächeln Sie die Kinder an)*
- Wenn ich lache, was macht denn dann mein Mund? Und meine Augen? Könnt ihr mir erzählen, wann ihr euch freut?
- Manchmal schaut auch jemand ganz traurig, zum Beispiel nach einem Streit. Was passiert denn dann mit dem Gesicht? Könnt ihr das beschreiben? Wart ihr schon mal traurig? Warum?
- Könnt ihr auch ein ganz wütendes Gesicht machen? Ja, super – ich kann euch richtig ansehen, wie wütend ihr seid. Wann seid ihr denn wütend?
- Ab und zu kommt es auch vor, dass man Angst hat – vielleicht wenn es donnert oder wenn es laut ist. Wie sieht euer Gesicht aus, wenn ihr Angst habt?
- Das macht ihr alle wirklich sehr gut. Schildi und ich können gut erkennen, welches Gefühl ihr zeigen wollt! Alle Gefühle gehören zum Leben dazu – Wut und Trauer genauso wie Angst und Freude.
- Wenn man fröhlich ist, dann geht es einem gut. Aber was kann zum Beispiel helfen, wenn man traurig ist? (z. B. Umarmung, nette Worte …)
- Und was macht ihr mit eurer Wut? (z. B. bewegen, toben …)
- Gibt es auch etwas, das euch hilft, wenn ihr Angst habt? (z. B. jemand, der begleitet, Mut machende Worte …)
- Diese ganzen Gefühle gehören zu unserem Leben dazu und sind wichtig. Und auch die Erwachsenen sind nicht jeden Tag gleich gut drauf – das ist ganz normal.

Freude, Trauer, Angst und Wut

Mitmachreim

Wenn ich wütend bin, dann kochts in meinem Bauch,
und ich hab das Gefühl, aus meinem Kopf, da kommt der Rauch.
(Mimik Wut machen, dann Ohren auffalten)

Doch wenn ich traurig bin, dann brauch ich ganz viel Trost und Halt,
mit einer Umarmung kommt dann ein Lächeln – bald.
(Mimik Trauer, dann Grätsche)

Und hab ich mal Angst und fühl mich allein,
dann hol ich mir die Mama oder einen Freund und schon sind wir zu zwein.
(Hund, dann Kobra)

Doch wenn ich mich freu, dann strahlt mein Gesicht
wie die Sonne so hell – voll Freude beweg ich mich!
(Mimik Freude, dann Überkreuz)

Spielidee: Gefühle erraten

Der Reihe nach dürfen die Kinder ein Gefühl darstellen, das die anderen Kinder erraten sollen. Gern können auch noch neue Gefühle aufgenommen werden, wie *verliebt, verträumt, Ekel, …*

Das ist meine Familie

Mitmachgeschichte + Mitmachreim

Alter	ab 3 Jahren
Übungen	Hund, Ohren auffalten, Überkreuz
Material	Kopiervorlage 8: Das Familienporträt
So geht's	Die Kinder betrachten Schildis Familienporträt. Die kleine Geschichte von Schildis Familie erleichtert den Einstieg in eine Erzählrunde zum Thema *Familie*.
Das bewirkt's	Wortschatz erweitern *(Familie)*, Rücken dehnen und entspannen, Hörverständnis aktivieren, linke und rechte Gehirnhälfte verknüpfen

Heute will uns Schildi Schildkröte ihre Familie vorstellen, denn für Schildi ist ihre Familie sehr wichtig. Deshalb hat sie euch heute ein Familienporträt mitgebracht. *(den Kindern das Familienporträt zeigen, Kopiervorlage 8)* Es ist ein Bild aus einer Zeit, in der Schildi Schildkröte so alt war wie ihr. Wen könnt ihr erkennen?

Ganz nah bei Schildi ist noch eine kleine Schildkröte zu sehen, das ist ihre kleine Schwester, die sie gern mag, auch wenn sie manchmal streiten – das macht ihr nichts aus, weil sie weiß, sie haben sich trotzdem gern. Wer von euch hat denn auch Geschwister? Und was spielt ihr gern mit ihnen?

Schildis Mama sorgt jeden Tag dafür, dass Schildi pünktlich in den Kindergarten kommt, macht mittags leckeres Essen und geht mit Schildi auf den Spielplatz. Abends, bevor sie ins Bett geht, liest ihre Mama ihr noch eine schöne Gute-Nacht-Geschichte vor. Und ist sie mal traurig, dann tröstet sie sie. Was macht eure Mama mit euch?

Schildis Papa frühstückt morgens mit der ganzen Schildi-Familie und geht dann zur Arbeit. Schildis Papa ist Salatbauer – das ist sein Traumberuf, weil er während der Arbeit an seinem Lieblingsessen naschen kann. Abends kommt er dann wieder nach Hause und spielt noch etwas mit den Schildi-Kindern, bevor es für sie ins Bett geht.

Mit Oma und Opa macht Schildi immer wieder Ausflüge – mal in den Zoo oder in den Wald. Weil Oma und Opa etwas weiter weg wohnen, fährt Schildi mit dem Zug zu ihnen, wenn sie sie besuchen möchte. Wo wohnen eure Großeltern? – In der Nähe oder müsst ihr auch weit fahren?

Wer ist noch Teil eurer Familie?

Kleine Kreatividee: **Familienporträt**

Material: Malpapier und Stifte

Die Kinder dürfen ihre eigenen Familienporträts malen. Wer ist wichtig für die Kinder und darf auf keinen Fall fehlen? Anschließend stellen die Kinder sich gegenseitig ihre Familien vor.

Meine Familie ist toll

Mitmachreim

Mit meinen Geschwistern kann ich spielen und streiten,
denn egal, was los ist, wir mögen uns immer leiden.
(lächeln)

Zu Mama kann ich immer gehen,
sie hat mich lieb und eine Lösung für jedes Problem.
(Überkreuz)

Mit Papa bau ich tolle Sachen –
dabei gibt es auch oft was zu lachen.
(Hund)

Oma und Opa kennen viele Geschichten –
davon mögen sie auch gerne berichten.
(Ohren auffalten)

Meine Familie ist toll und groß –
ich fühle mich behütet in deren Schoß.
(sich selbst umarmen)

Ein Tag am Meer

Erzählrunde + Mitmachreim

Alter	ab 3 Jahren
Übungen	Ohren auffalten, Überkreuz, Hund, Kobra
So geht's	Die Gesprächsimpulse und Fragen erleichtern den Einstieg in eine Erzählrunde zum Thema *Meer*. Der Mitmachreim ergänzt die Erzählrunde.
Das bewirkt's	Wortschatz erweitern *(Meer)*, Rücken und Wirbelsäule dehnen und entspannen, rechte und linke Gehirnhälfte verknüpfen, Hörverständnis verbessern

Gesprächsimpulse für eine Erzählrunde

- Schildi Schildkröte fährt gern in den Urlaub. Mal geht es ans Meer und mal in die Berge. Wo geht ihr am liebsten hin?
- Heute möchte Schildi mit euch ein bisschen über das Meer reden. Wer weiß denn, was man am Meer alles findet? (z. B. Sand, Muscheln, Krebse, Wasser, Steine, Handtücher, Liegen, Luftmatratzen, Boote …)
- Was kann man denn am Meer alles machen? (z. B. Muscheln sammeln, Sandburgen bauen, schwimmen, liegen, entspannen, …)
- Was macht ihr am liebsten am Meer?
- Kennt jemand vielleicht schon Tiere, die man nur am oder im Meer findet? (z. B. Krebse und Krabben, Fische, Delfine, Wale, Seesterne, Seepferdchen, …)

Kleine Kreatividee: **Urlaubsmandala**

Material: Kerze, typische Dinge aus dem Urlaub oder Mitbringsel, z. B. Muscheln, Holzstäbchen, Steine oder Sand

Stellen Sie zu Beginn eine Kerze in die Mitte und erklären Sie den Ablauf: Jedes Kind darf reihum ein Utensil um die Kerze platzieren. Die gelegten Gegenstände der anderen Kinder dürfen nicht verändert werden. Werden Gegenstände verwendet, die die Kinder mitgebracht haben, dann dürfen sie erzählen, was den Gegenstand für sie so besonders macht. Werden vorrätige Gegenstände genommen, können die Kinder erzählen, weshalb sie gerade diesen Gegenstand ausgewählt haben.

Schildis Reise an den Strand

Mitmachreim

An das Meer will ich jetzt gehen,
vielleicht kann ich ja Fische sehn.
(Überkreuz)

Dort am Strand hör ich das Meer rauschen,
kann den entspannenden Tönen lauschen.
(Ohren auffalten)

Die Wellen gehen auf und ab,
Wellenreiten werd ich nicht zu knapp.
(vom Hund in die Kobra)

Auch Krebse und Muscheln find ich hier,
meine schönste Muschel, die schenk ich dir.
(auf Freund zeigen)

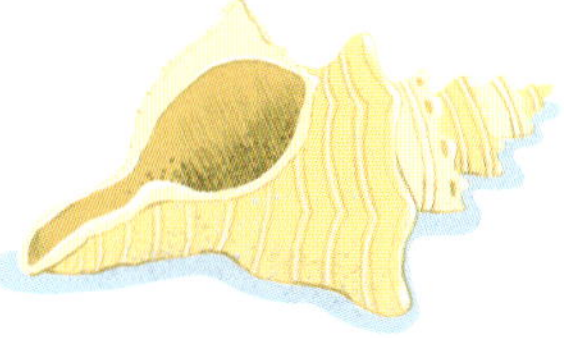

Bei mir zu Hause

Mitmachgeschichte + Mitmachreim

Alter	ab 5 Jahren
Übungen	Katze und Kuh, Nackenrolle, Hund, Kobra
Material	Kopiervorlage 9: Mein Zuhause
So geht's	Kopieren Sie vorab die Vorlage 9 und schneiden Sie die Bilder aus. Erzählen Sie den Kindern, wie es bei Schildi zu Hause aussieht, und zeigen Sie ihnen die Bilder dazu.
Das bewirkt's	Wortschatz erweitern *(Zuhause)*, Rückenmuskulatur, Nacken und Wirbelsäule dehnen und entspannen, auditive Sprachverarbeitung und Sprachverständnis fördern

Jeder von uns hat ein Zuhause – daheim, wo wir mit unserer Familie wohnen. Jedes Zuhause sieht anders aus, aber überall gibt es Ähnlichkeiten. Schildi Schildkröte hat euch heute Bilder von ihrem Zuhause mitgebracht. Vielleicht gibt es das ja auch bei euch daheim?

Das Erste ist gleich vor dem Hauseingang zu finden. Bei manchen Familien klingelt man dort und bei anderen reicht es, wenn man klopft. Aber nur, wenn man sie öffnet, kommt man hinein – wer von euch weiß, was ich meine? *(Bildkarte „Tür")*

Danach kommt oft gleich etwas, schaut einmal, das sieht so aus: *(Bildkarte „Garderobe")* – was ist denn das? Habt ihr das auch bei euch gleich am Eingang?

Wer weiß, wie das Zimmer heißt, in dem viele essen? *(Bildkarte „Esszimmer")*

Nun folgt ein Raum, da wird es oft ganz gemütlich. Es werden Spiele gespielt, mal wird ein Buch zusammen gelesen oder auch fern gesehen – wer ahnt, welchen Raum ich meine? *(Bildkarte „Wohnzimmer")*

Dann gibt es noch einen Raum, in dem man etwas Leckeres kochen kann und wo es immer nach den tollsten Gewürzen riecht. *(Bildkarte „Küche")* Erzählt mal, was ist euer Lieblingsessen?

Jetzt kommen wir noch in einen Raum, da müssen alle morgens, mittags und abends zum Zähneputzen und Haarekämmen hinein. Dort ist auch oft eine Badewanne oder Dusche. In welchem Raum putzt ihr eure Zähne? *(Bildkarte „Badezimmer")*

Im Schlafzimmer schlafen dann noch die Eltern *(Bildkarte „Schlafzimmer")* – was finden wir in dem Zimmer alles?

In einem Zimmer wird auch ganz viel gespielt. Manchmal liegen noch Puppen herum oder Bauklötze. Man kann dort auch ein Bett finden und einen Kleiderschrank – aber das meiste in diesem Raum werden wohl die Spielsachen sein – welchen Raum meine ich nur? *(Bildkarte „Kinderzimmer")* Wie sieht euer Kinderzimmer aus?

Komm mich mal besuchen

Mitmachreim

Kommst du mich einmal besuchen,
musst du die Klingel an der Türe suchen.
(Klingelbewegung machen)

An der Garderobe ziehst du deine Schuhe aus,
und schon bist du in meinem Haus.
(Hund, dann Kobra)

Zum Essen sitzen wir auf den Stühlen immer –
das leckerste Essen gibt es in meinem Esszimmer!
(Katze und Kuh)

Im Wohnzimmer ruh ich mich aus –
das Sofa such ich mir dafür aus.
(Kobra)

In der Küche kocht Mama ganz leckeres Essen –
mein Lieblingsessen hat sie noch nie vergessen!
(Rührbewegungen, dann Nackenrolle)

Im Badezimmer putz ich mir die Zähne,
sie sind sauber – das siehst du, wenn ich gähne.
(Zahnputzbewegung machen, gähnen)

Das Schlafzimmer ist für die Eltern da,
doch schlaf ich schlecht, sind sie mir ganz nah.
(umarmen)

Im Kinderzimmer spiel ich gern mit meinen Sachen,
dort gibt es immer viel zu lachen.
(lachen)

Kleine Kreatividee: **Mein liebster Platz**

Material: Malpapier und Buntstifte

Die Kinder malen das Zimmer, in dem sie sich am liebsten aufhalten und was sie dort machen. Durch Fragestellungen können Gespräche angeregt werden und der Wortschatz wird gefestigt.
Ist das Kunstwerk fertig, darf jedes Kind zeigen, was es gemalt hat und etwas dazu erzählen.

So sehe ich aus

Erzählrunde + Mitmachreim

Alter	ab 3 Jahren
Übungen	Nackenrolle, Kobra, Überkreuz, Grätsche – seitlich aufgedreht
Material	Handspiegel
So geht's	Die Gesprächsimpulse und Fragen erleichtern den Einstieg in eine Erzählrunde zum Thema *Körper*. Der Mitmachreim ergänzt die Erzählrunde.
Das bewirkt's	Wortschatz erweitern *(Körper)*, Selbstwahrnehmung fördern, linke und rechte Gehirnhälfte verknüpfen, Sprachverständnis und Verarbeitung aktivieren, Rückenmuskulatur dehnen, Beinmuskulatur stärken, Wirbelsäule mobilisieren

Gesprächsimpulse für eine Erzählrunde

- Schildi Schildkröte ist heute wieder zu Besuch bei uns und hat uns etwas mitgebracht. Was ist das denn? *(zeigen Sie den Spiegel)*
- Mit dem Spiegel kann man sich ganz genau anschauen. Wir geben den Spiegel jetzt der Reihe nach durch und jeder darf sich darin betrachten.
- Wenn *Lisa* in den Spiegel schaut, sieht sie dann genau das Gleiche wie *Tom?*
- Wenn ihr in den Spiegel schaut, was seht ihr dann? (z. B. Augenfarbe, Haarfarbe, Haarlänge, Sommersprossen …) Reihum darf jedes Kind erzählen, was es im Spiegel sieht.
- Stellt euch mal der Reihe nach auf: Wenn Schildi Schildkröte jetzt über eure Köpfe wandern würde, würde sie dann immer gerade laufen oder ginge es mal rauf und auch mal runter?
- Wer ist wohl die größte Person im Raum? Könnt ihr euch in der richtigen Reihenfolge aufstellen? (die Kinder überlegen noch andere Kriterien, nach denen sie sich aufstellen können, z. B. Alter, Haarfarbe …)

Kleine Kreatividee: Das bin ich!

Material: Papierbahnen (z. B. Tapetenrollen), Buntstifte

Die Kinder gehen zu zweit zusammen. Ein Kind legt sich auf die Papierrolle, das andere zeichnet den Umriss mit einem Stift nach. Dann wechseln die Kinder. Haben beide Kinder einen Umriss von sich selbst, malen sie diesen so an, wie sie sich sehen.

Jeder sieht anders aus!

Mitmachreim

Manche Haare sind blond und manche braun,
manchmal sind sie kurz und manchmal ein langer Traum.
(Nackenrolle)

Meine Augen leuchten schlau,
wie es mir geht, sieht man in ihnen ganz genau.
(mit den Wimpern klimpern)

Mal lacht mein Mund, mal lacht er nicht –
er bringt das Strahlen in mein Gesicht.
(auf den Mund zeigen)

Mein Hals, der trägt im Winter Schal,
manche mögen gerne Ketten, andere nicht – egal!
(imaginären Schal wickeln)

In meinem Bauch, da landet Essen und Trinken,
mit meinen Armen und Händen kann ich tragen und winken.
(Kobra, dann Grätsche – seitlich aufgedehnt, winken)

Meine Beine tragen mich bis ans Ende der Welt –
meine Füße helfen dabei und wollen dafür nicht mal Geld.
(Überkreuz, dann verneinende Bewegung mit dem Zeigefinger)

Von Kopf bis Fuß bin ich echt toll –
alles ist genau da, wo es sein soll!
(Daumen hoch)

Im Wald unterwegs

Erzählrunde + Mitmachreim

Alter	ab 3 Jahren
Übungen	Katze und Kuh, Hund, Kobra, Überkreuz
So geht's	Die Gesprächsimpulse und Fragen erleichtern den Einstieg in eine Erzählrunde zum Thema *Wald*. Der Mitmachreim ergänzt die Erzählrunde.
Das bewirkt's	Wortschatz erweitern *(Wald)*, linke und rechte Gehirnhälfte verknüpfen, Rückenmuskulatur dehnen und entspannen, Wirbelsäule aktivieren

Gesprächsimpulse für eine Erzählrunde

- Wart ihr schon mal im Wald unterwegs? Ja? Was gibt es dort am meisten? (Bäume)
- Kennt ihr auch schon verschiedene Waldbäume mit Namen? (z. B. Fichte, Buche, Eiche, Tanne, Kiefer, Linde, Ahorn …)
- Prima, ihr kennt euch bereits gut aus! Im Wald wohnen auch viele Tiere – wer von euch hat eine Idee, welche Tiere im Wald ein Zuhause finden? (z. B. Fuchs, Reh, Hirsch, Hase, Wildschwein, Eichhörnchen, Vögel, Schmetterling, Waldbienen, Waldmaus …)
- Die Waldtiere bekommen oft auch im Frühling und im Herbst ihre Jungen. Wer weiß, wie die Babys der Waldtiere heißen? (z. B. Reh und Hirsch = Kitz, Wildschwein = Frischling, Fuchs = Fuchswelpen …)
- Damit es einem Wald gut geht, muss auch immer wieder jemand nach dem Rechten schauen: Bäume fällen oder im Winter Futter für die Tiere bereitstellen. Habt ihr eine Ahnung, wer das macht? (Förster)
- Und wenn der Förster Tiere beobachten möchte, dann muss er hoch klettern. Wo sitzt er denn dann und beobachtet in Ruhe die Tiere in seinem Wald? (Hochsitz)

Im Wald, da ist was los

Mitmachreim

Im Wald, da sind ganz viele Tiere zu Haus,
von Fuchs und Hase bis hin zur kleinen Maus.
(Hund)

Im Frühling kommen auf die Welt Fuchswelpen, Kitz und Frischling,
mit großen Äuglein und Streifen und Punkten – bling.
(Katze und Kuh)

Die großen Bäume bieten Schutz und Ruh,
willst du Tiere beobachten – achte auf einen leisen Schuh.
(Hund, dann Kobra)

Im Winter freuen sie sich über eine kleine Gabe von dir,
bring Eicheln und Kastanien – sie tun einen guten Dienst hier.
(Überkreuz)

Kleine Kreatividee: Tierspuren im Schnee

Material: Kopiervorlage 10 entsprechend der Anzahl der Kinder, Stifte

Welches Tier hat denn da seine Spuren hinterlassen? Können die Kinder den Tieren die richtigen Abdrücke im Schnee zuordnen?

Wir gehen spazieren

Bewegungsgeschichte + Mitmachreim

Alter	ab 3 Jahren
Übungen	Schildkröte (aus dem Sonnengruß), Überkreuz, Hund, Kobra, Grätsche, Grätsche – seitlich aufgedreht
So geht's	Erzählen Sie den Kindern die Geschichte von Schildi Schildkrötes Spaziergang und machen Sie gemeinsam die Bewegungen.
Das bewirkt's	Sprache und Bewegung verknüpfen, Rücken und Wirbelsäule dehnen und entspannen, Armmuskulatur kräftigen, linke und rechte Gehirnhälfte verknüpfen, Beinmuskulatur dehnen und kräftigen

Schildi Schildkröte möchte heute mit euch einen Spaziergang machen, denn es gibt überall Neues zu entdecken! Aber noch versteckt sich die kleine Schildkröte in ihrem Panzer und schnarcht ganz laut. *(Schildkröte, schnarchen)*

Schildi wacht auf, kommt langsam aus dem Panzer heraus und reckt sich erst einmal. *(recken und strecken)* Vom langen Schlafen hat sie noch ganz steife Arme und Beine, die will sie erst einmal durchstrecken. *(Katze und Kuh – Überkreuz)*

Dann ist sie bereit für ihren Spaziergang. *(Überkreuz)* Auf ihrem Weg kommt unsere Schildkröte an vielen Häusern vorbei. *(Hund)* Manchmal macht eine Frau ein Fenster auf *(Grätsche)* und winkt heraus. *(Grätsche – seitlich aufgedreht)*

Manchmal macht auch ein Kind ein Fenster auf *(Grätsche)* und winkt heraus. *(Grätsche – seitlich aufgedreht, andere Seite)*

In der Garage neben den Häusern *(Hund)* stehen die Autos. Ab und zu fährt jemand mit seinem Auto aus der Garage. *(Kobra)* Wo der wohl hinwill?

Schildi ist einmal im Kreis gelaufen und kommt wieder bei sich zu Hause an. *(Schildkröte)*

Auf der Straße ist was los

Mitmachreim

Wenn ich morgens früh aufsteh,
(Schildkröte)
weck ich meinen kleinen Zeh.
(mit dem Fuß wackeln)

Schau aus meinem Haus heraus,
(Hund)
winke aus dem Fenster raus.
(Grätsche – seitlich aufgedreht)

Seh so manche Leute stehn
(Grätsche)
oder zu der Arbeit gehen.
(Überkreuz)

Manchmal ist es noch nicht hell,
dann fahren sie mit dem Auto schnell.
(Kobra)

Abends sind sie alle daheim
und schlafen in den Betten ein.
(Schildkröte)

So feiern wir Weihnachten

Erzählrunde + Mitmachreim

Alter	ab 3 Jahren
Übungen	Überkreuz, Hund, Kobra, Grätsche, Grätsche – seitlich aufgedreht
So geht's	Die Gesprächsimpulse und Fragen erleichtern den Einstieg in eine Erzählrunde zum Thema *Weihnachten*. Die Geschichte berichtet von Schildis Weihnachten. Der Mitmachreim ergänzt die Erzählrunde.
Das bewirkt's	Wortschatz erweitern *(Weihnachten)*, Bewegung fördern, Wirbelsäule dehnen und entspannen, rechte und linke Gehirnhälfte verknüpfen

Gesprächsimpulse für eine Erzählrunde

- Schildi Schildkröte feiert so gern. Sie feiert gern Geburtstag, Silvester und natürlich auch Weihnachten. Weihnachten ist ihr absolutes Lieblingsfest, weil sie dann wieder ihre Verwandtschaft trifft, in der Kirche ein Krippenspiel aufgeführt wird und sie den Weihnachtsbaum so schön findet. Was mögt ihr an Weihnachten am liebsten?
- Habt ihr schon Weihnachtswünsche?
- Was gibt es zu Weihnachten bei euch zu essen?
- Was gehört bei euch zu Weihnachten dazu?

So ist Weihnachten bei Schildi und ihrer Familie: Am ersten Dezember bekommen alle einen Adventskalender. So können sie zählen, wie viele Tage es noch bis Weihnachten sind. Jeden Sonntag in der Adventszeit wird eine Kerze mehr angezündet. Sind alle vier Kerzen an, ist der vierte Advent und Weihnachten schon ganz nah.

Ein paar Tage vor Heiligabend wird dann der Weihnachtsbaum aufgestellt und schön geschmückt. An Heiligabend gehen alle in die Kirche. Dort werden viele Lieder gesungen und es wird ein schönes Krippenspiel aufgeführt. Dann geht die Schildi-Familie nach Hause. Dort gibt es ein leckeres Festmahl. Danach kommt der Weihnachtsmann und bringt die Geschenke. Anschließend werden noch viele Spiele gespielt und alle dürfen lange aufbleiben. Am ersten und zweiten Weihnachtsfeiertag besuchen sie die Familie, Onkel, Tanten und Cousinen und Cousins, und drei wunderschöne Feiertage werden verbracht.

Im Winterweihnachtswald

Mitmachreim

Zur Winterzeit geht's in den Wald,
den Weihnachtsbaum, den holn wir bald.
(Überkreuz)

Der schönste Baum wird ausgewählt,
und dann natürlich auch gefällt.
(Hund)

Auf dem Schlitten kommt er heim,
und dann ganz schnell ins Zimmer rein.
(Kobra)

Dort wird er dann aufgestellt,
wo er seinen Schmuck erhält.
(Grätsche, Grätsche – seitlich aufgedreht, nach rechts und nach links)

Gar weihnachtlichen Glanz bringt er in unser Haus,
und sieht wie der schönste Weihnachtsbaum jetzt aus.
(Hund)

Spielidee: Weihnachts-Memo

Material: Bildkarten aus Kopiervorlage 11, Schere, Karton

Kopieren Sie die Weihnachts-Memo-Karten vorab zwei Mal, kleben sie auf Karton und schneiden Sie die Bilder aus. Nach den bekannten Memory-Regeln spielen die Kinder ein Weihnachts-Memo. Dadurch wird der Wortschatz gefestigt und die Merkfähigkeit gefördert.

Viel Spaß im Schnee

Erzählrunde + Mitmachreim

Alter	ab 3 Jahren
Übungen	Überkreuz, Hund, Kobra, Schildkröte (aus dem Sonnengruß)
So geht's	Die Gesprächsimpulse und Fragen erleichtern den Einstieg in eine Erzählrunde zum Thema *Schnee*. Der Mitmachreim ergänzt die Erzählrunde.
Das bewirkt's	Wortschatz erweitern *(Schnee)*, Rücken und Wirbelsäule dehnen und entspannen, rechte und linke Gehirnhälfte verknüpfen, entspannen

Gesprächsimpulse für eine Erzählrunde

› Inzwischen ist bei uns der Winter eingekehrt. Draußen ist es kalt und manchmal liegt auch Schnee. Dann müssen wir uns warm anziehen. Was habt ihr heute Morgen alles angezogen, damit ihr auf dem Weg in den Kindergarten nicht frieren müsst? (z. B. Thermohose, Winterjacke, Stiefel, Handschuhe, Schal, Mütze)

› Zuhause und auch hier im Kindergarten ist es dann zum Glück kuschelig warm. Aber gerade wenn draußen Schnee liegt, dann wollen wir ja eigentlich alle wieder hinaus. Was macht ihr am liebsten, wenn Schnee liegt? (z. B. Schneemann bauen, Schlitten fahren, Ski fahren, Schneeballschlacht, Schneewanderung)

› Normalerweise fallen Landschildkröten im Winter in einen Winterschlaf, aber Schildi Schildkröte ist als Entspannungsschildkröte ein ganz besonderes Exemplar. Sie liebt es, im Winter im Schnee zu toben und Spaß zu haben.

Spielidee: Schneeballschlacht

Material: Watte, großes Tuch

Spiel 1:	Die Kinder gehen zu zweit zusammen. Jedes Kinderpaar erhält einen Wattebausch. Zuerst legt das eine Kind den Wattebausch auf die Handfläche und pustet ihn zu dem Partnerkind. Das Partnerkind versucht, diesen zu fangen. Dann darf das Partnerkind zurückpusten.
Spiel 2:	Jedes Kind bekommt einen eigenen Wattebausch. Alle Kinder knien sich nebeneinander, legen den Wattebausch vor sich und pusten ihn auf die andere Seite des Raumes. Wer kommt als Erster dort an?
Spiel 3:	Alle Wattebausche werden in ein Tuch gelegt. Alle Kinder stellen sich um das Tuch und greifen sich ein Stück davon. Dann wird das Tuch geschwungen. Ein Schneesturm kommt auf – bleiben die Schneebälle im Tuch?

Draußen im Schnee

Mitmachreim

Wenn ich raus geh in den Schnee im Winter,
brauch ich Jacke, Mütze, Handschuh und Schal – das gilt für alle Kinder.
(Anziehbewegungen machen)

Mach die Türe auf und laufe los,
der Winterspaß wird gleich riesengroß!
(Überkreuz)

Mit meinem Schlitten lauf ich hoch zum Berg hinauf
und setz mich auf den Schlitten drauf.
(Hund)

Dann sause ich den Berg hinunter
und fall zum Glück nicht runter!
(Kobra)

Jetzt geht es noch mal rauf mit dem Schlitten –
da muss man mich nicht lange bitten.
(Hund)

Unten angekommen geht's dann wieder heim,
da trink ich dann eine warme Schokolade und mummele mich ein.
(Überkreuz, dann in die Schildkröte)

Die Gummibären-Waschanlage

Geschichte + Mitmachreim

Alter	ab 3 Jahren
Material	je 1 Zahnstocher und Gummibärchen für jedes Kind
So geht's	Piksen Sie vorab in jedes Gummibärchen einen Zahnstocher. Die kurze Geschichte leitet den Mitmachreim ein. Mit Bruno Bär machen die Kinder Yoga für die Zunge.
Das bewirkt's	Mundmotorik für eine bessere Aussprache fördern

Bruno Bär

Mitmachreim

Bruno Bär, der hats ganz schwer,
seine Haare liegen kreuz und quer.
(mit der Zunge den Gummibärenkopf waschen)

Auch die Hände sind ganz schmutzig,
wasch ich sauber – ist ja lustig.
(mit der Zunge die Gummibärenhände waschen)

Und am Bauch da wird's gleich heiter,
weil Bruno kitzlig ist, geht's von da gleich weiter.
(mit der Zunge den Gummibärenbauch waschen)

Jetzt sind noch die Füße dran,
auf die Party kann er dann.
(mit der Zunge die Gummibärenfüße waschen)

Mit einem Happs ist er im Mund,
denn die Party ist in meinem Bauch – und da geht es jetzt rund.
(Gummibärchen essen)

Schildi Schildkröte hat euch heute einen Freund mitgebracht: Bruno Bär ist zu Besuch. *(ein Gummibärchen mit Zahnstocher hochhalten)*
Bruno Bär ist auf eine Geburtstagsparty eingeladen und muss dafür noch ganz dringend in die Gummibären-Waschanlage. Und weil jedes Kind von Natur aus eine eigene Gummibären-Waschanlage hat, hat sich Schildi Schildkröte gedacht, dass jeder von euch helfen kann, Bruno Bär für den Geburtstag frisch zu machen. *(jedes Kind bekommt ein Gummibärchen am Stiel)*, danach führen sie den Mitmachreim durch

Kopiervorlagen

Schnittmuster für Schildi Schildkröte

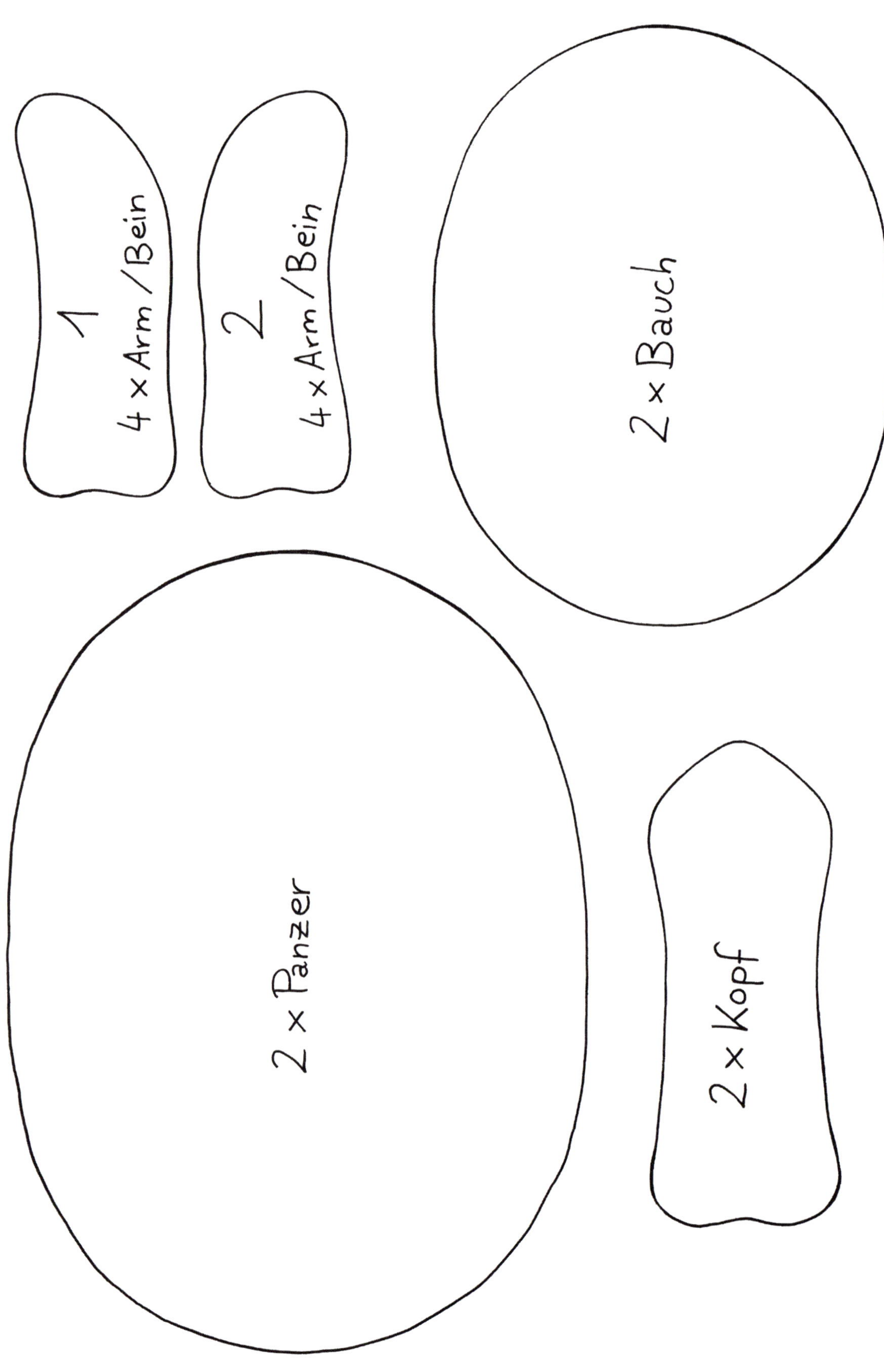

Nähanleitung Schildi Schildkröte

Material

Verschiedene Stoffreste (Panzer: 2 × 16 cm × 20 cm, Bauch: 2 × 14 cm × 16 cm, Kopf: 2 × 14 cm × 8 cm, Arme/Beine: 8 × 7 cm × 12 cm), Nadel/Nähmaschine, Kreide, Stecknadeln, Schere, Nähgarn, Füllmaterial, Wackelaugen oder wasserfester Stift

Schneiden Sie die Einzelteile der Kopiervorlage mit Nahtzugabe (ca. 1 cm) aus, übertragen Sie diese auf den Stoff und schneiden Sie die einzelnen Teile zu.

Legen Sie die beiden Teile für den Kopf rechts auf rechts und nähen Sie sie zusammen. Nehmen Sie für jeden Arm bzw. jedes Bein je ein Schnittteil Arm/Bein 1 und Arm/Bein 2. Legen Sie die beiden Teile ebenfalls rechts auf rechts und nähen Sie sie zusammen. Wiederholen Sie diesen Vorgang noch bei den anderen drei Armen/Beinen.
Lassen Sie sowohl bei den Armen/Beinen als auch beim Kopf unten eine Öffnung zum Wenden. Füllen Sie nach dem Wenden alles mit etwa 2/3 Füllmaterial.

Nähen Sie die beiden Teile für den Bauch rechts auf rechts zusammen. Lassen Sie eine kleine Wendeöffnung. Nach dem Wenden stopfen Sie den Bauch leicht aus. Sie können die Öffnung entweder von Hand mit ein paar Stichen schließen oder Sie warten bis die Arme und der Kopf festgesteckt sind und steppen dann alles einmal rundherum ab.

Stecken Sie die Arme/Beine und den Kopf sternförmig am Bauch fest. Legen Sie das Ganze mittig auf die Panzerunterseite, sodass die Enden der Gliedmaßen zwischen Bauch und Panzer versteckt sind und stecken Sie sie fest. Achten Sie darauf, dass die bedruckte Seite des Panzers dabei zu sehen ist. Steppen Sie alles einmal rundherum ab.

Klappen Sie den Kopf und die Arme/Beine nach innen. Legen Sie die Panzeroberseite mit der rechten Seite nach unten auf die Schildkröte und stecken Sie sie fest. Lassen Sie hier beim Nähen eine etwas größere Wendeöffnung.
Stopfen Sie, nach dem Wenden, den Panzer aus. Auch hier können Sie die Öffnung entweder von Hand mit ein paar Stichen schließen oder Sie steppen alles einmal rundherum ab.
Dann noch die Augen aufmalen – fertig!

Tipps

Als Füllung eignen sich – neben der klassischen Füllwatte – auch Kirschkerne (um warm gemacht zu werden) oder Lavendel (zum Entspannen und besseren Einschlafen).
Setzen Sie die Panzeroberseite aus verschiedenen Stoffen zusammen. Das gibt eine interessante Optik.
Achten Sie auf ein sauberes Umnähen, damit die Nähte nicht aufgehen!

Das Oster-Memo

Osterkorb
Küken
Frühlingswiese
Strahlende Sonne
Blühender Baum
Osternest auf Wiese

Schablone für Schildis Freund Schweini

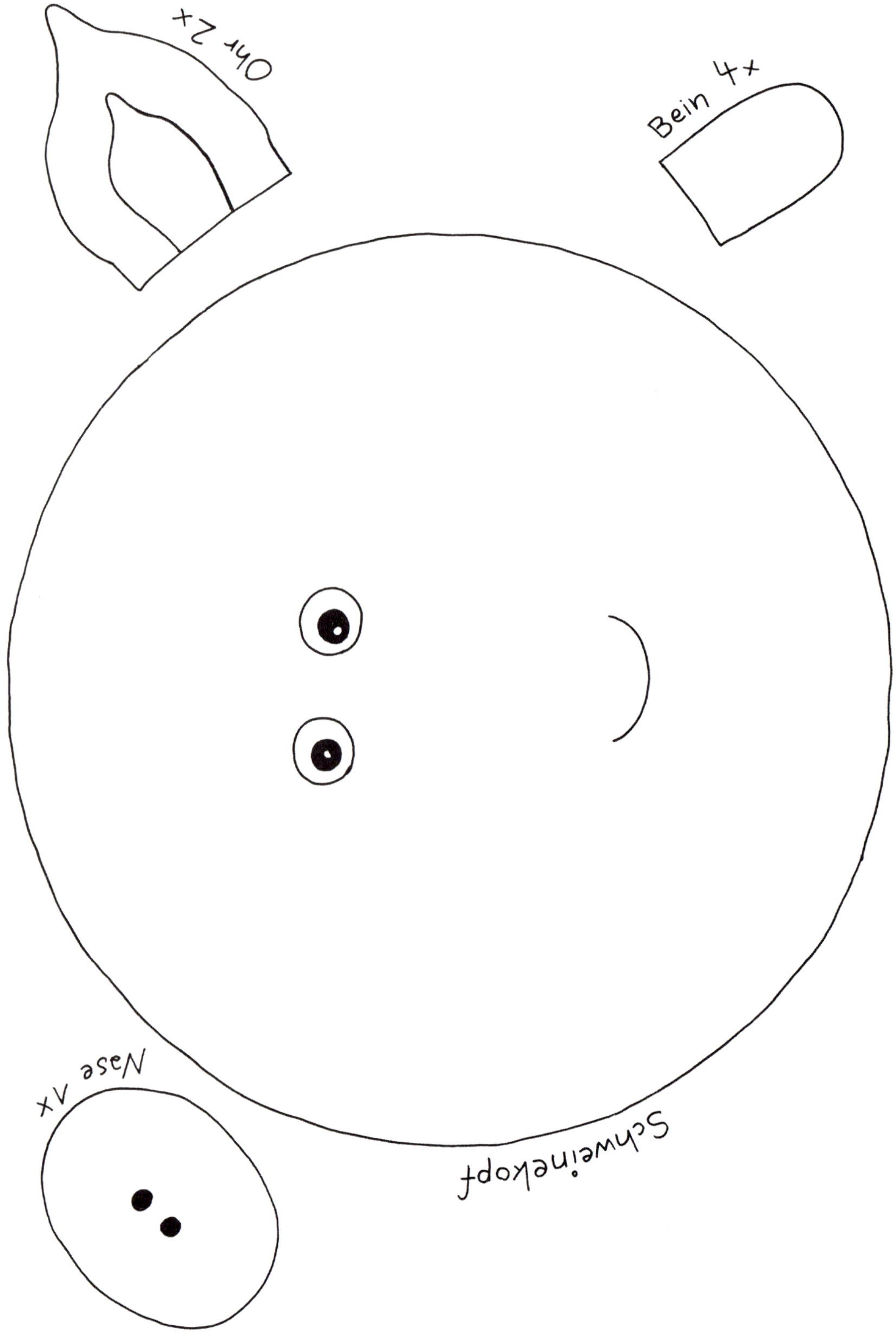

Anziehpuppe Rosalinde

Anziehpuppen Kinder

Die Zootiere

Das Familienporträt

Mein Zuhause

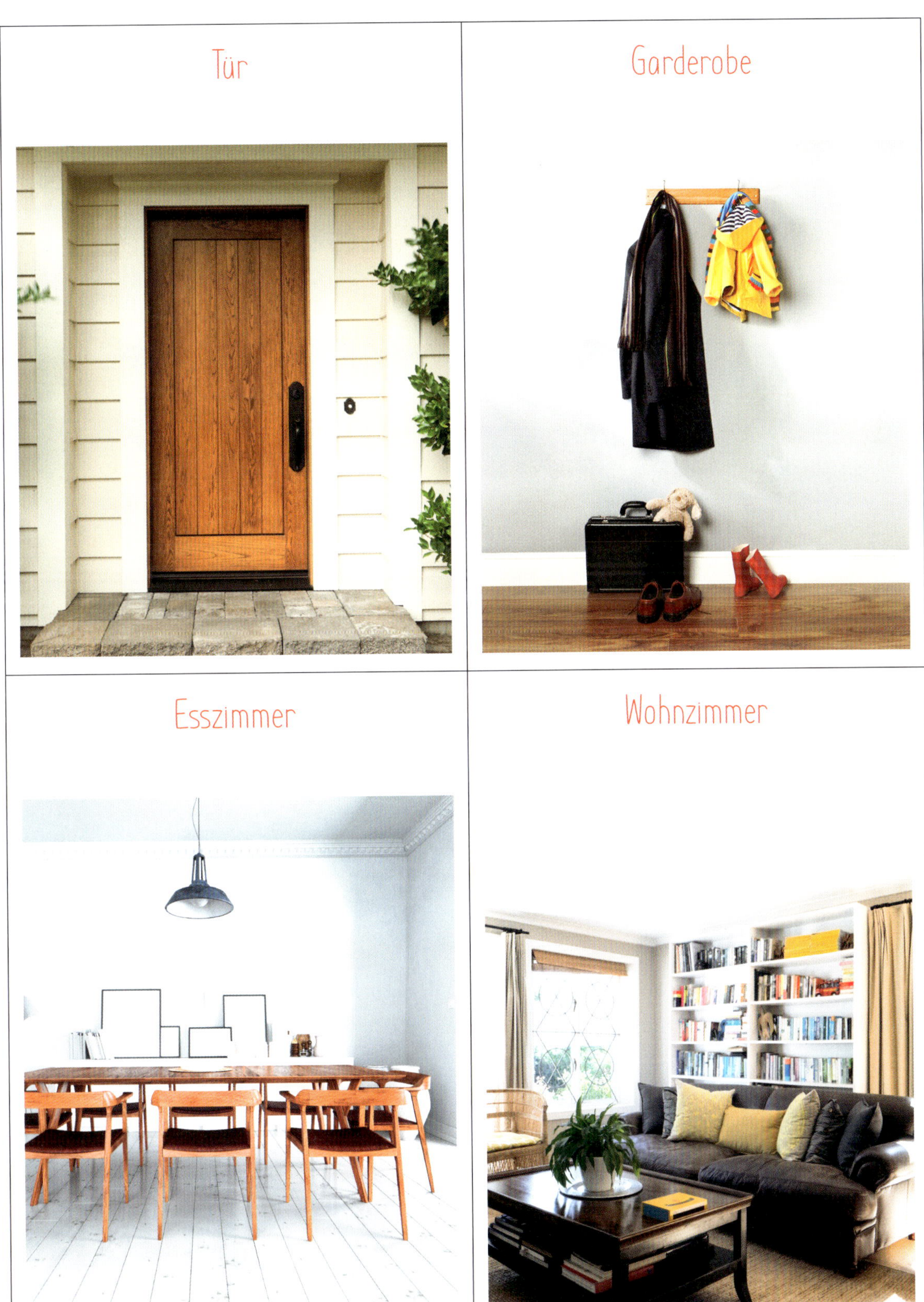

Bad	Schlafzimmer

Kinderzimmer	Küche

Tierspuren im Schnee

Das Weihnachts-Memo

Kirche
Krippe
Adventskranz
Schneeflocke
Adventskalender
Schneemann

Über die Autorin

Claudia Hohloch, geboren 1981 in Schwäbisch Hall, ist verheiratet und lebt mit ihrem Mann und ihren beiden Töchtern in Gaildorf in Baden-Württemberg. Seit 2013 ist sie als Entspannungstrainerin, Aerial Yoga Trainerin und integrative Lerntherapeutin tätig und bietet Kurse für Kinder, Jugendliche und Erwachsene in allen Lebenslagen an. Sie arbeitet in ihren eigenen Räumlichkeiten, aber auch in Volkshochschulen, Kindergärten und Grundschulen sowie in verschiedenen Vereinen. Ihr Ziel ist es, ihre großen und kleinen TeilnehmerInnen mit Elementen aus Yoga, Kinesiologie und Qigong für ihre innere Stärken zu sensibilisieren und durch kleine Entspannungsinseln im Alltag für mehr Ausgeglichenheit zu sorgen.

Mit besonderem Dank an:

Lana & Zoé und
das ganze Team von Schildi Schildkröte!